Ferdinand Holböck

»WIR HABEN DEN MESSIAS GEFUNDEN!« (Joh 1,41)

Hildegard Burjan,
eine jüdische Konvertitin,
auf einer österreichischen
Briefmarke.

VIA·VERITAS·VITA

Als Jesus in die Gegend von Cäsarea Philippi kam, fragte er seine Jünger: »Für wen halten die Leute den Menschensohn?« . . . Simon Petrus antwortete: »Du bist der Messias, der Sohn des lebendigen Gottes.« (Mt 16,13)

FERDINAND HOLBÖCK

»Wir haben den Messias gefunden!«

Die selige Edith Stein und andere jüdische Konvertiten vor und nach ihr

CHRISTIANA-VERLAG, CH-8260 STEIN AM RHEIN

Der Verfasser dieses Buches: Dr. theol. Ferdinand Holböck, Univ.-Professor an der Theol. Fakultät der Universität Salzburg, Konsistorialrat, Domkapitular des Salzburger Metropolitankapitels, Päpstlicher Hausprälat; Theologiestudium in Rom; Priesterweihe am 30. Oktober 1938 in Rom, Kaplan an der deutschen Nationalkirche der Anima in Rom, Religionslehrer, Schriftleiter des »Österreichischen Klerus-Blattes«, Mitglied der Päpstlichen Theologischen Akademie in Rom, Verfasser einer Reihe dogmatischer Werke.

Mit kirchlicher Druckerlaubnis des Erzbischöflichen Ordinariates Salzburg
vom 3. Oktober 1986 (Zl. 809/86).

Bildlegenden:
Erste Umschlagseite – oben, links: Raïssa Maritain; rechts: Hildegard Burjan; unten, links: André Frossard; rechts: Jean-Marie Lustiger.

Fotonachweis:
Erste Umschlagseite: A. Frossard, Foto Alfred Kutschera, Verlag Herder,
J.-M. Lustiger, Foto Keystone Press Zürich.
Seite 2: Jesus mit seinen Aposteln von Rembrandt, aus: Rembrandt-Bibel, Pattloch-Verlag Aschaffenburg – Christiana-Verlag, Stein am Rhein.
Seite 80b: Foto Trappistenabtei Maria Frieden, D-5377 Dahlem/Eifel.
Seite 96a: Bruno Rothschild, Foto aus Erika Becker, Durch Resl bekehrt, Verlag Naumann, Würzburg.
Seite 96b: Foto Keystone Press Zürich.
Vierte Umschlagseite: KNA-Bild, Frankfurt/Main.
Übrige: Foto-Archiv Christiana.

2. Auflage 1987: 2. – 6. Tausend

Druck: Juvavia-Druck Valenta + Valenta Ges.m.b.H., A-5020 Salzburg
Printed in Austria

CIP-Kurztitelaufnahme der Deutschen Bibliothek
Holböck, Ferdinand:
»Wir haben den Messias gefunden!«: Die selige Edith Stein und andere jüdische Konvertiten / Ferdinand Holböck. [Hrsg.: Arnold Guillet]. – 2. Aufl. – Stein am Rhein: Christiana-Verlag, 1987. ISBN 3-7171-0901-4

Inhaltsverzeichnis

I.
VORWORT

Viele bibelgläubige Juden warten immer noch auf den Messias. Ergreifend kommt diese Erwartung im Lied aus dem Warschauer Ghetto zum Ausdruck, wie es uns J. Wulf in seinem Buch »Vom Leben, Kampf und Tod im Ghetto Warschau«[1)] überliefert hat:

»Ich glaube, ich glaube, ich glaube
ehrlich, unerschütterlich und fromm,
daß der Messias komm'.
An den Messias glaube ich,
und wenn er auf sich warten läßt,
glaub' ich darum nicht weniger fest.
Selbst wenn er länger zögert noch,
an den Messias glaub' ich doch.
Ich glaube, ich glaube, ich glaube.«

Zwar können wir Christen wie die gläubigen Juden um das Kommen des Messias beten; anders als diese sind wir jedoch der Überzeugung, daß es ein *Wieder*-kommen sein wird, daß Jesus von Nazaret der verheißene Messias ist und daß Gott in ihm seine Verheißungen erfüllt hat. Dennoch stimmt die im Dokument der »Päpstlichen Kommission für die religiösen Beziehungen zum Judentum« vom Mai 1985 getroffene Feststellung, »daß das Gottesvolk des Alten und des Neuen Bundes im Gedanken an die Zukunft analogen Zielen zustrebt, nämlich der Ankunft oder der Wiederkunft des Messias, – auch wenn die Blick- und Ausgangspunkte verschieden sind . . .«[2)]

»Wir haben den Messias gefunden« (Joh 1,41). So hat der Fischer Andreas aus Betsaida am See Genesaret zu seinem Bruder Simon gesprochen. Er tat es aus innerster Überzeugung schon nach der ersten Begegnung mit Jesus. Diese Überzeugung war so stark, daß sie in Simon neugierige Bereitschaft weckte, diesen Jesus kennenzulernen. Er ließ sich von seinem Bruder zu Jesus führen. Dabei geschah dann folgendes: »Jesus blickte ihn an und sagte: ›Du bist Simon, der Sohn des Johannes. Du sollst Kephas (Petrus) heißen!‹« (Joh 1,42).

Seit damals hat sich diese biblische Szene gar oft wiederholt: Juden, die mit lauterem Herzen die Wahrheit suchten, fanden dabei den, der in Caesarea Philippi das Bekenntnis des Simon Petrus: »Du bist der Messias, der Sohn des lebendigen Gottes« (Mt 16,16), gelten ließ und dafür dem Ersten der Apostel erklärte: »Ich aber sage dir: Du bist Petrus, und auf diesen Felsen werde Ich meine Kirche bauen . . .« (Mt 16,18).

Solche Juden, die zum Glauben an Jesus gefunden hatten, sprachen dann zu ihren bisherigen Glaubensbrüdern: »Wir haben den Messias gefunden.« Sie waren vom mosaischen zum christlichen Glauben, vom Alten zum Neuen Bund weitergeschritten, sie gaben das Warten auf den Messias auf, führten nun aber – wie einst Andreas seinen Bruder Simon – ihre noch auf den Messias wartenden Brüder zu Jesus, dem Messias, »der dem Fleische nach den Vätern Israels entstammt, der aber über allen als Gott steht, er ist gepriesen in Ewigkeit« (vgl. Röm 9,8).

Als der Petrus-Nachfolger Johannes Paul II. am 13. April 1986 den historischen Schritt wagte und in Rom die jüdische Synagoge betrat und nach seiner Begrüßung durch den Oberrabbiner Toaff an die versammelten Juden Roms eine vielsagende »Ansprache der Versöhnung« richtete, hätte er eigentlich – wie einst Andreas zu seinem Bruder Simon – sagen müssen: »Wir (in der katholischen Kirche) haben den Messias gefunden. Wir bitten euch nun: Wartet nicht mehr auf Ihn! Er ist schon längst in Jesus Christus gekommen. Ich, der Nachfolger des Simon Petrus, möchte euch zu Ihm führen.« Der Papst sprach nicht so. Warum wohl nicht?

Nach all dem, was Christen den Juden im Lauf der Geschichte angetan haben, konnte der Papst nicht gut so direkt auf den Messias Jesus Christus hinweisen, obgleich er es sicher gern getan hätte. Er mußte zuerst nachdrücklich im Sinn des Dekrets »Nostra aetate« (Nr. 4) des II. Vatikanischen Konzils darauf hinweisen, daß die Kirche »alle Haßausbrüche und Verfolgungen, alle Manifestationen des Antisemitismus, die sich zu irgendeiner Zeit und von irgendjemandem gegen die Juden gerichtet haben«, beklagt. (Die ganze, vielsagende Ansprache des Papstes findet sich im Anhang dieses Buches und ist in jeder Hinsicht beachtenswert!)

Gewissermaßen anstelle des Papstes sollen im folgenden ausgewählte jüdische Männer und Frauen, die im vorigen und gegenwärtigen Jahrhundert zum Glauben an Jesus Christus gefunden haben, vor den Leser hintreten mit dem eindrucksvollen Bekenntnis: »Wir haben den Messias gefunden«.

Unter den ausgewählten, schon verstorbenen jüdischen Konvertiten sind fast durchwegs solche, die es sich wahrlich nicht leicht gemacht haben, mit der Taufe den entscheidenden Schritt zu Jesus

Christus und in seine auf den Felsen Petri gebaute Kirche zu wagen, im Gegensatz zu jenen Juden, die beispielsweise in Spanien unter dem harten Druck der Inquisition oder im Dritten Reich in den Greueln des Nationalsozialismus – nur um ihr leibliches Leben zu retten – ohne wirklichen Glauben die Taufe über sich ergehen ließen.

Aus den gewählten Beispielen, die um viele noch vermehrt werden könnten, wird recht gut ersichtlich, welche Motive hinter ihrer Konversion steckten, und wie und wodurch diese Juden so weit kamen, in Jesus Christus den von den Propheten verheißenen Messias und menschgewordenen Gottessohn zu bejahen.

Die hervorragendste jüdische Konvertitin der jüngsten Zeit unter den schon verstorbenen ist sicher Edith Stein, die im Konzentrationslager Auschwitz-Birkenau ermordete Karmelitin Schwester Teresia Benedicta a cruce. Soll diese bedeutende Frau, die wir ab Mai 1987 auf Grund ihrer Seligsprechung durch Papst Johannes Paul II. nicht bloß verehren, sondern auch um ihre Fürsprache am Throne Gottes anrufen dürfen, nun etwa bestürmt werden, zu helfen, daß viele ihrer jüdischen Brüder und Schwestern wie sie zum Messias Jesus Christus hinfinden? Wir meinen, es sei wichtiger und dringender, daß sie uns zunächst einmal durch ihr Beispiel hilft, das rechte menschliche und christliche Verhalten den Juden gegenüber zu verwirklichen. Im Dokument der »Päpstlichen Kommission für die religiösen Beziehungen zum Judentum« vom Mai 1985 soll es nicht nur darum gehen, »in unseren Gläubigen die Reste von Antisemitismus, die man noch hie und da findet, auszurotten, sondern viel eher darum, mit allen erzieherischen Mitteln in ihnen eine richtige Kenntnis des völlig einzigartigen ›Bandes‹ zu wecken, das uns als Kirche an die Juden und das Judentum bindet. So sollte man unsere Gläubigen lehren, die Juden zu schätzen und zu lieben – sie, die von Gott erwählt worden sind, das Kommen Christi vorzubereiten, und die alles bewahrt haben, was im Laufe dieser Vorbereitung fortlaufend geoffenbart und gegeben worden ist –, obwohl es für sie schwierig ist, in Ihm ihren Messias zu erkennen.«[3)]

Wie das Verhalten der Christen zu den Juden beschaffen sein soll, haben uns die letzten Päpste – vor allem Johannes XXIII., Paul VI. und Johannes Paul II. – in Wort und Tat gezeigt, ebenso manche Bischöfe durch die auf Synoden erlassenen Erklärungen. »Von 1948 bis 1985 wurden über 50 kirchliche Erklärungen in allen fünf Erdteilen über das Verhältnis von Christentum und Judentum veröffentlicht . . . Den Auftakt zu dieser Entwicklung brachte das II. Vatikanische Konzil mit dem Konzilsdokument ›Nostra aetate‹ (Nr. 4). In dieser Urkunde geht es vor allem um drei Hauptpunkte: die Betonung der geistlichen Verbundenheit der Kirche mit dem Judentum von der Wurzel Abrahams her; die Ablehnung jeder Form von Antisemitismus; die Mahnung an Priester, Prediger und Katecheten, sich vor jeder Verfälschung der christlichen Botschaft durch feindselige Ausfälle gegen Juden zu hüten.«[4)]

Über bloße Toleranz friedlichen Zusammenlebens hinaus müßten wir Christen noch mehr als bisher zu einem echten Dialog mit gläubigen Juden kommen. Inhalt dieses Dialogs müßte dabei vor allem die Frage nach dem Sinn des Alten Testamentes als des gemeinsamen biblischen Erbes und die Liebesbotschaft des größten Sohnes des auserwählten Volkes Israel sein, um gerade daran seine messianische Sendung und Würde erkennbar zu machen. Jesu Messiaswürde ist gar oft – auch schon während seines öffentlichen Lehrens und Wirkens – mißverstanden und verkannt worden. Gerade darum hat Jesus anfangs seinen Jüngern befohlen, »niemandem zu sagen, daß Er der Messias sei« (Mt 16,20). Erst dort, wo alle diesbezüglichen Mißverständnisse ausgeschaltet sind, kann offen davon gesprochen werden. Da kommen dann Juden, von der Gnade Gottes erleuchtet und geführt, zunächst auf jeden Fall zur Hochschätzung der Persönlichkeit Jesu Christi, und dann – nach Überwindung noch verbliebener Schwierigkeiten – auch zur Anerkennung seiner Messiaswürde und seiner Gottheit.

»Obwohl es für die Juden schwierig ist, in Jesus Christus ihren Messias zu erkennen«, wie es im Dokument der »Päpstlichen Kommission für die religiösen Beziehungen zum Judentum« vom Mai 1985 heißt, sind doch gar manche Juden zur Feststellung gekommen: »Wir haben den Messias gefunden.« Die Beispiele von Judenkonvertiten vor und nach Edith Stein bestätigen das.

Wir Christen haben jedenfalls verantwortungsvoll mitzuhelfen, daß nicht bloß vereinzelte Juden, sondern viele Glieder des heutigen jüdischen Volkes zur Erkenntnis kommen, daß Jesus Christus der Messias ist, den sie erwarten und an dessen Wiederkunft wir Christen glauben. Ist nicht schon viel erreicht, wenn der bekannte Rabbi, Prof. Pinchas Lapide (Frankfurt am Main) erklärt hat: »Das Judentum wartet auf den Messias, das Christentum auf den wiederkehrenden Christus. Es könnte sein, daß der Messias, auf den die Synagoge wartet, und der wiederkehrende Christus, dem die Kirche entgegensieht, die gleichen Züge tragen?« Es wäre nur noch ein kleiner Schritt zu der Erkenntnis, daß beide nicht nur gleiche Züge tragen, sondern identisch sind.

Helfen wir zusammen auf dem Weg zu dieser Erkenntnis durch glaubwürdige Zeugenschaft für Ihn, zu dem die geschilderten Konvertiten gefunden haben.

Salzburg, 15. August 1986 Ferdinand Holböck

Eine Vorbemerkung zur 2. Auflage

Im Vorwort zur 1. Auflage, der in kürzester Zeit nun eine zweite gefolgt ist, wurde bemerkt, daß die ausgewählten Beispiele von Judenkonvertiten noch um viele vermehrt werden könnten. Der Verfasser dieses Buches, das ein bescheidener Beitrag zur Ehrung von Edith Stein sein sollte, die Papst Johannes Paul II. am 1. Mai in Köln seliggesprochen hat, wurde auf mehrere weitere lebende und verstorbene Judenkonvertiten aufmerksam gemacht. Es ist nicht möglich, alle diese in der Neuauflage zu schildern. Nur auf vier sei noch ausführlich hingewiesen, und zwar auf zwei noch lebende (Raphael Simon und André Frossard) und auf zwei verstorbene (Hildegard Burjan und Karl Stern). Besonders Hildegard Burjan verdient noch ausführlich geschildert zu werden, weil sie in ihrem Leben schicksalhaft mit den drei benachbarten deutschsprachigen Ländern verbunden ist: mit Deutschland (und da besonders mit Schlesien und Berlin), mit der Schweiz und mit Österreich. Es ist zu hoffen, daß wir in dieser Judenkonvertitin bald – wie in Edith Stein – eine Selige verehren und anrufen dürfen.
Es ist *Hildegard Burjan,* geborene Freund, eine in vieler Hinsicht wahrhaft vorbildliche Frau (vgl. S. 130).

Salzburg, Ostern 1987 Ferdinand Holböck

1) vgl. J. Wulf, Vom Leben, Kampf und Tod im Ghetto Warschau (Bonn 1958), S. 40.
2) »Hinweise für eine richtige Darstellung von Juden und Judentum in der Predigt und in der Katechese der katholischen Kirche (Dokument der »Päpstlichen Kommission für die religiösen Beziehungen zum Judentum« im Sekretariat für die Einheit der Christen, Mai 1985, Nr. 10.
3) vgl. »Hinweise . . .« (Mai 1985), Nr. 8.
4) vgl. Pinchas Lapide, Die Juden, die Christen und ihr Gott, in: Rheinischer Merkur 12./13. Mai 1984

II.
Kirchlich bedeutsame Judenkonvertiten der letzten Jahrzehnte

1. Paul-Louis-Bernard (David) Drach († 31. Januar 1865)

David Drach, der als Sohn eines sehr angesehenen Rabbiners und ausgezeichneten Hebräisten und Talmudisten am 6. März 1791 in Straßburg, der Hauptstadt des Elsaß, geboren wurde[1)], war von früher Jugend an ein »wahrer Israelit ohne Falschheit« (Joh 1,47), der mit lauterem Herzen den Messias suchte, ihn in Jesus Christus fand und dann viele jüdische Glaubensgenossen zu Ihm führte.

Den ersten Unterricht im Alten Testament und im Talmud erhielt er von seinem eigenen Vater. Im Alter von zehn Jahren hatte er es schon so weit gebracht, daß er, wenn man ihm irgendeinen beliebigen Vers aus der Bibel sagte, die Stelle unverzüglich angeben konnte. Häufig kamen Neugierige ins Elternhaus, um den bewunderten Knaben diesbezüglich auf die Probe zu stellen. Mit zwölf Jahren kam der junge David Drach in die Talmudschule zu Ebendorf bei Straßburg, dann in die höhere Talmudschule zu Westhoffen, wo er vom berühmten Talmudisten, dem Oberrabbiner Isaac Lundenschuetz unterrichtet wurde. Dann lernte er noch in der höheren Talmudschule in Pfalzburg beim Oberrabbiner Guggenheim. Schließlich besaß er eine so gründliche Talmud-Ausbildung, daß er noch im jugendlichen Alter als eine Koryphäe auf dem Gebiet der jüdischen Theologie galt und mehrfach mit dem Titel »Chaber«, der zweiten Rabbinatstufe, ausgezeichnet wurde.

Mehrfach kam er in frühester Jugend mit gläubigen Katholiken in Berührung, die in ihm das Interesse für das Christentum weckten. So erinnerte er sich im späteren Leben gerne an einen alten Diener des Hausbesitzers, in dessen Haus seine Familie wohnte. Dieser Alte, ein sehr frommer Katholik, war von einem Glauben beseelt, der Berge hätte versetzen können, »und doch bestand seine ganze Bibliothek nur in einem Katechismus und einigen Gebetbüchern«;

es machte dem jungen David Drach ein Vergnügen, sich mit diesem Mann über religiöse Fragen zu unterhalten. Hier erwachten in ihm die ersten Neigungen zum Christentum. Darum widmete er fortan viel Zeit dem Studium der lateinischen und griechischen Sprache, um die christliche Religion aus den Originalwerken studieren zu können.

Nach Beendigung des Studiums wurde David Drach Erzieher im Hause eines reichen Israeliten in Rappoltsweiler. Nach drei Jahren der Tätigkeit in diesem Ort ging er 1810 nach Colmar, um zwei Jahre lang als Erzieher in einer angesehenen jüdischen Familie zu wirken. Schließlich ging er nach Paris, wo er bald einen angesehenen Posten im jüdischen Zentralkonsistorium erhielt. Durch seinen Unterricht und seine bald veröffentlichten Publikationen[2)] wurde David Drach schließlich zum »appointed head of the Paris Jewish School«, wie ihn die 1971 in Jerusalem erschienene »Encyclopaedia Judaica« nennt, die ihn wegen seiner späteren Konversion zum katholischen Glauben freilich auch als »Apostaten« bezeichnet.[3)]

Durch seine Bibel- und Kirchenväter-Studien kam David Drach immer mehr zur Überzeugung, daß die sogenannte »Septuaginta« (die griechische Übersetzung des hebräischen Alten Testaments, wie sie 70 jüdische Gelehrte in Ägypten anfangs des 3. Jahrhunderts v. Chr. angefertigt hatten) den authentischen Sinn des Alten Testaments unverfälschter und getreuer wiedergebe als der masoretische Text. Wörtlich schrieb David Drach in seinem Buch »De l'harmonie entre l'Eglise e de la Synagogue ou perpétuité et catholicité de la religion chretienne«:[4)]

»Ich verglich ganz genau den hebräischen Text des Alten Testaments mit der griechischen Übersetzung der Septuaginta, weil dieselbe das Werk jüdischer Schriftsteller ist, die für mich alle erdenkliche Autorität haben, und die, noch aus dem Anfang des dritten Jahrhunderts v. Chr. datiert, also aus einer Zeit, wo jene jüdischen Gelehrten noch kein Interesse daran haben konnten, den Sinn der Prophezeiungen, die den Messias betreffen, zu verfälschen. Da in den zahlreichen, voneinander abweichenden Lesarten der beiden Texte der griechische mir fast immer als der korrektere erschien, so unternahm ich es, den Originaltext des Alten Testaments aus dem Septuaginta-Text, der den anderen orientalischen Übersetzungen, namentlich der syrischen, offensichtlich als Vorbild gedient hatte, wiederherzustellen. Auch erkannte ich, daß das Neue Testament dort, wo es bei der Zitierung des Alten Testaments von dem hebräischen (masoretischen) Text abweicht, fast überall mit der Septuaginta übereinstimmt . . . Ich war in dieser Arbeit über die Septuaginta schon weit vorangekommen, als ich in der Vorrede des hl. Hieronymus zu den vier Evangelisten zu meiner großen Freude las, daß er die Septuaginta als Schutzwehr und Wall der Integrität der Hl. Schrift betrachtet hat. Das ist auch, wie ich feststellte, die Ansicht des hl. Hilarius. Meine Arbeit über die Septuaginta blieb noch lange ein Geheimnis, bis mich der Großrabbiner Abraham Cologna, der Präsident des jüdischen Zentralkonsistoriums in Paris, der wahrscheinlich nichts Gutes vermutete, besuchte, um von mir Auskunft zu erhalten.

Nachdem er Einsicht in meine Arbeit genommen hatte, befahl er mir nachdrücklich, der Idee, ein so antijüdisches Werk zu veröffentlichen, für immer zu entsagen. Da er mich nicht sehr geneigt fand, diesem Befehl nachzukommen, drohte er in Ermangelung des Malkut, der nicht mehr statthaft ist, mit einer theologischen Zensur. . . Diese Drohung schreckte mich aber nicht sehr. Ich war nämlich durch meine Studien bereits so weit gekommen, daß ich die Synagoge eigentlich schon weit hinter mir gelassen hatte und schon die Schwelle der Kirche Jesu Christi berührte . . . Die Beschäftigung (mit der Septuaginta) hatte bei der aufmerksamen Prüfung des Textes zur Folge, daß ich mich zum ersten Mal in meinem Leben – um mich so auszudrücken – der Zuchtrute der rabbinischen Kommentare (zum Alten Testament) entwunden hatte und nun klar sah, daß alle alttestamentlichen Prophezeiungen in gewisser Weise nur einen großen Kreis von viertausend Meilen Umfang bilden, dessen Studien sämtlich zu dem gemeinsamen Mittelpunkt führen, der da ist und nur sein kann Jesus Christus, der Erlöser der Kinder Adams, die seit der Sünde ihres Stammvaters vom rechten Weg abgekommen sind. Das ist der Gegenstand und einzige Zweck aller Prophezeiungen, die uns den Messias derartig beschreiben, daß es eigentlich unmöglich ist, ihn zu verkennen. In ihrer Übereinstimmung stellen die alttestamentlichen Prophezeiungen das vollendetste Gemälde dar. Die ältesten Propheten zeichnen von ihm die erste Skizze; in dem Maß, als sich die Prophezeiungen dann folgen, vollenden sie die von ihren Vorgängern unvollkommen gelassenen Züge. Je mehr sie sich dem großen Ereignis nähern, umso lebhafter werden ihre Farben. Sobald das Gemälde vollendet ist, haben die Künstler ihre Aufgabe beendet und verschwinden.

Der letzte der Propheten Israels ist, bevor er sich vom Schauplatz zurückzieht, noch besorgt, die Persönlichkeit zu kennzeichnen, die kommen soll, und den noch über das Geheimnis ausgebreiteten Schleier wegzuheben. ›Siehe, ich werde euch den Propheten Elia senden, ehe der Tag des Herrn kommt, der große, furchtbare Tag‹, so prophezeite Maleachi (4,5). Dieser Elia des Neuen Bundes ist Johannes der Täufer, der erste und größte Prophet des evangelischen Bundes, der keinen Zweiten an Heiligkeit unter den vom Weibe geborenen hat . . . Nachdem ich zu diesem Grad der Überzeugung gelangt war, durfte ich mein Katechumenat nicht länger hinausschieben. Gott verlieh mir den Mut dazu . . . Aber welche Kämpfe hatte ich noch mit allem, was mich umgab, und mit meinem eigenen Herzen auszufechten! Man muß in einer ähnlichen Lage gewesen sein, um sich davon einen Begriff zu machen. Meine Gesundheit litt einige Monate lang darunter. Meine Existenz hing damals ganz vom jüdischen Konsistorium ab, das mir die Leitung der israelitischen Schulen anvertraut hatte; der Titel »Rabbiner« und Lehrer des Gesetzes – das Diplom darüber hatten mir die bedeutendsten Großrabbiner Frankreichs ausgestellt – verschaffte mir die Aussicht auf die erste freiwerdende Großrabbinerstelle, zumal damals die Häupter mehrerer Konsistorialsynagogen schon sehr vorgerückten Alters waren; dann meine Publikationen zu Gunsten des Judentums, die ich mit viel Erfolg veröffentlicht hatte, den ich nun auf so auffallende Weise verleugnen sollte; weiter die Mißgunst, die meine Taufe unter den Juden auf meine dem Judentum sehr anhänglichen, fast 80jährigen Eltern und auf meine ganze übrige Verwandtschaft laden mußte; dann mein Bruch mit der eigenen Familie, die mich doch innig liebte; und schließlich der vorausgesehene Verlust meiner geliebten Gattin, der Tochter des gelehrten Großrabbiners E. Deutz, mit der ich seit 1817 verheiratet war, und das Unglück, das daraus für meine drei Kinder, zwei Mädchen im Alter von vier bzw. drei Jahren, und ein Knabe von 16 Monaten, entstehen mußte. Aber ich lud dieses große, schwere Kreuz mit jener inneren Zufriedenheit auf meine Schultern, die nur das Bewußtsein zu geben vermag, dem eigenen Gewissen gemäß richtig zu handeln. Ich hielt mich bei keiner menschlichen Betrachtung auf, entsagte den zartesten Neigungen meines Herzens und folgte der Einladung dessen, der erklärt hat: ›Wenn jemand zu Mir kommen will und dabei Vater und Mutter, Frau und Kinder, Brüder und Schwestern und sogar das eigene Leben nicht geringschätzt, der kann Mein Jünger nicht sein; und wer sein Kreuz nicht trägt und Mir nachfolgt, kann Mein Jünger nicht sein!‹«

Nachdem David Drach für sich und seine Kinder, wie er wörtlich in seiner Autobiographie geschrieben hat, »den Beistand des Herrn und den Schutz der mächtigsten und zärtlichsten Mutter Maria erfleht hatte«, stellte er sich dem Dekan der Theologischen Fakultät der Sorbonne, Abbé Fontanel, vor und bat diesen um die Vorbereitung auf die hl. Taufe. Der Erzbischof von Paris, Quélen, spendete sie ihm und seinen Kindern am Karsamstag 1823; er wurde getauft auf die Namen Paul-Louis-Bernard. Am Ostersonntag darauf durfte er beim feierlichen Pontifikalamt in Notre-Dame die Erstkommunion und die Firmung empfangen. Vielsagend ist, daß der Erzbischof Quélen dem Konvertiten aus dem Judentum ganz besonders die Verehrung der seligsten Jungfrau Maria anempfahl, dabei – wie Drach in seiner Autobiographie schreibt – ein ergreifendes Gemälde des Lebens der Gottesmutter entwarf und mit den Worten schloß: »Und auch Ihnen wird wohl mehr als einmal ein Schwert des Schmerzes durch die Seele dringen. Dann erinnern Sie sich an Maria!« So kam es dann wirklich: Viel Leid brach über den Konvertiten herein, vor allem wegen der von seiner von Haß gegen das Christentum erfüllten Gattin heimlich vorgenommenen Entführung der drei Kinder. In allem Kreuz und Leid erinnerte sich aber Paul-Louis-Bernard Drach an die Schmerzensmutter Maria. Er selbst trug zeitlebens eine kindliche, vertrauensvolle Liebe zur Gottesmutter im Herzen und pflanzte sie auch seinen Kindern ein.

Dem stellungslos gewordenen Konvertiten, der auf eine glänzende Karriere im Judentum verzichtet hatte, bot schließlich 1827 der Apostolische Stuhl wegen seiner umfassenden Gelehrsamkeit in der alttestamentlichen Bibelwissenschaft und in den orientalischen Sprachen den Posten eines Bibliothekars an der Päpstlichen Kongregation für die Glaubensverbreitung (»Propaganda fide«) in Rom an, den er bis zu seinem gottseligen Tod am 31. Januar 1865 innehatte.

Bald nach seiner Konversion machte es sich Paul-Louis-Bernard Drach zur Lebensaufgabe, für die Bekehrung seiner früheren jüdischen Glaubensbrüder zu arbeiten. Er tat es mit unermüdlichem Eifer und verfaßte zu diesem Zweck eine Reihe bibeltheologischer und kontroverstheologischer Schriften. In der »Encyclopaedia Judaica« heißt es abfällig: »Er verfaßte eine Reihe von

Büchern und Pamphlets, um seine Apostasie zu rechtfertigen und seinen früheren Glaubensbrüdern die Wahrheit des Christentums zu beweisen.«[5]

Unter den hier genannten »Pamphlets« sind wohl vor allem Paul-Louis-Bernard Drachs drei Sendschreiben an die Juden gemeint: »Lettres d'un rabbin converti aux Israelites ses frères«. Er brachte sie in den Jahren 1825, 1827 und 1833 heraus. Sie wurden von dem deutschen konvertierten Juden Luitpold Baumblatt 1841 ins Deutsche frei übersetzt und unter dem Titel »Der Katholizismus und der Judäismus« publiziert.[6]

Diese Sendschreiben müssen damals auf junge jüdische Akademiker in Frankreich, vor allem in Elsaß-Lothringen, und dann auch in Deutschland starken Eindruck gemacht haben. Denn im Vorwort zum dritten Sendschreiben stellt Paul-Louis-Bernard Drach wörtlich fest: Seit der Veröffentlichung meines zweiten Sendschreibens ist eine große Zahl meiner jüdischen Brüder in den Schoß der (katholischen) Kirche eingetreten. Bei anderer Gelegenheit schreibt er im Jahre 1828 über die alttestamentlichen messianischen Prophezeiungen und über die vom Apostel Paulus (vgl. Röm 11, 28-32) angekündigte endzeitliche Bekehrung der Juden: »Wer es zu leugnen wagt, daß diese große Prophezeiung sich zu erfüllen beginnt, wird durch die Tatsache widerlegt, denn noch nie seit der Zerstreuung Israels hat man so viele Israeliten den katholischen Glauben annehmen gesehen. Früher war es eine auffallende Sache, wenn auch nur ein Einzelner von ihnen sich bekehrte, seit einigen Jahren aber sieht man sie in Menge in jene Kirche eintreten, die auf den festen und unerschütterlichen Felsen des Apostelfürsten (Petrus) gegründet ist; die Zahl der Juden, die am letzten Pfingstfest (1827) und am Abend zuvor in unserem Herrn Jesus Christus wiedergeboren worden sind, übertrifft die Zahl all jener zusammen, die in einer verflossenen Epoche im Lauf mehrerer Jahrhunderte getauft worden sind . . .«

Hier spielt Paul-Louis-Bernard Drach sicher auf die Konversion der vier Rabbinersöhne Samson, Felkel, Samuel und Jakob Libermann aus Zabern (Elsaß) in den Jahren 1824 bis 1826 und auf die Konversion von Theodor Ratisbonne im Jahre 1827 an, von denen im folgenden die Rede sein wird.

In seinen Sendschreiben sucht Paul-Louis-Bernhard Drach seinen früheren Glaubensbrüdern zu beweisen, daß die christlichen Glaubenswahrheiten sich – wenigstens ansatzweise – eigentlich schon im Alten Testament vorfinden, und daß – wie er wörtlich schreibt – die »katholische Religion nichts anderes ist als die Religion unserer jüdischen Vorfahren, die ihre letzte segensreiche, heilbringende Entfaltung und Vollendung bei der Ankunft unseres Heilands Jesus Christus, des unserer Nation so oft verheißenen Messias gefunden hat.« Er forderte dann seine früheren jüdischen Glaubensbrüder auf: »Geht das Alte Testament mit allen Verheißungen der Propheten genau durch, und ihr werdet finden, daß durch Jesus Christus alles in Erfüllung ging, was von dem erwarteten Messias gesagt worden war, und daß das große Werk am Kreuz seine Vollendung erhalten hat.«[7)] »Ist dieser Jesus, der von unseren Vätern als der Sohn eines unbedeutenden Handwerkers angesehen wurde, wirklich der verheißene Messias? Ihr werdet mit unseren Vätern sagen: Wie, dieser Jesus, dessen Vater und Mutter wir kennen, will sagen, er sei vom Himmel gekommen?! Aber, meine Lieben, prüft nur die Propheten und die Traditionen. Legt jedes ungerechte Vorurteil ab, und ihr werdet finden, daß Jesus von Nazaret der ›Isch Jahwe‹, der Mann Gottes, der Sohn Gottes in Ewigkeit, geboren aus der reinsten und heiligsten Jungfrau ohne Einwirkung eines Mannes, sondern ganz allein durch Gottes Allmacht ist, und daß die Zeit seines Erscheinens genau jene war, in welcher der vorhergesagte Messias kommen mußte, und daß schließlich Jesus Christus die Erfüllung dessen ist, was die Traditionen früher über den Messias Israels gesagt hatten.«[8)] Darüber schreibt dann Paul-Louis-Bernard Drach in seinen Sendschreiben noch ausführlich in dem 2. Kapitel (»Charakter des wahren Messias«) und dem 3. Kapitel (»Menschwerdung des Messias, des Sohnes Gottes«), zuvor aber beschäftigt er sich ausführlich im 1. Kapitel (»Die heilige Dreieinigkeit«) mit dem grundlegenden, die Christen scheinbar am stärksten von den Juden trennenden Dogma. Er sucht zu beweisen, daß der dreieinige Gott, den die Christen anbeten, derselbe ist, der schon im Alten Testament verkündet wird. Trinitarische Andeutung im Alten Testament wie Gen 1,26, Gen 18,2 ff., Jes 6,6 f., Jes 63,7-10 u. a. sind für ihn – allzu kühn – zweifelsfreie Beweise, daß die Wahrheit von der heiligsten Dreieinigkeit längst schon dem jüdischen Volk geoffenbart, vor der Ankunft unseres Heilands aber nur ganz wenigen bekannt gewesen sei. Das große Geheimnis durfte – nach dem Geständnis der Rabbinen (von denen er eine ganze Reihe zitiert) – bis zur Ankunft des Messias, unseres Heilands nicht öffentlich gelehrt werden; mit dem Erscheinen des Erlösers aber hörte dieses Verbot auf und die Prophezeiung des Sacharja (14,9) ging in Erfüllung: »Dann wird Jahwe der König sein über die ganze Erde. An jenem Tag wird Jahwe der einzige Herr sein und sein Name der einzige.«

Nach Paul-Louis-Bernard Drach ist es heute immer noch der Pharisäismus, der die Juden abhält, sich zum Christentum zu bekehren; sie lesen die Hl. Schrift immer nur in der Auslegung des Talmud, der ja nur eine Sammlung pharisäischer Überlieferungen ist; das aber sei die Binde, die ihnen den Anblick des vollen Lichtes entziehe. Aber immer schon hätten manche Rabbiner, wie er an vielen Zitaten zu zeigen sucht, die alttestamentlichen Prophezeiungen so gedeutet, daß eigentlich kein anderer als Messias in Frage kommen könne als nur Jesus Christus.

Bei der mit Paul-Louis-Bernard Drach begonnenen großen Konversionsbewegung aus dem Judentum zum Christentum hat die größte »Tochter Sions«, die seligste Jungfrau Maria, eine auffallend wichtige Rolle gespielt, wie sich besonders klar bei der Konversion des Juden Alphons Ratisbonne zeigte. Auch im Leben Drachs und seiner Kinder zeigt sich das in beeindruckender Weise.

Paul-Louis-Bernard Drach pilgerte von Rom aus, wo er von 1827 an tätig war, gerne in den größten Marienwallfahrtsort der damaligen Zeit, nach Loreto in Süditalien. Er kannte dabei, obwohl er ein so bedeutender Bibelgelehrter war, keine Hemmungen, Loreto mit seinem Heiligen Haus als eine besonders segensreiche Gnadenstätte Mariens anzuerkennen. Ergreifend ist, wie er bei seiner ersten Wallfahrt nach Loreto im Jahre 1833 geistigerweise seine drei Kinder mitnahm, um sie der Gottesmutter zu weihen. Die ältere, damals 14jährige Tochter gab dem Vater einen Brief mit, den er bei der Gnadenmutter im Heiligen Haus von Loreto niederlegen sollte. Dieser Brief hat folgenden Inhalt:

»An die seligste und unbefleckte Jungfrau Maria: Meine vielgeliebte Mutter! Zwar bin ich ganz unwürdig, Dir zu schreiben, denn es hat bei mir viel gefehlt, daß ich den in der hl. Taufe empfangenen Gnaden nach Kräften entsprochen hätte, die Du mir vermittelt hattest; dieser Umstand macht mich in Deinen Augen sehr schuldig. Aber meine gute Mutter, wenn Du mich verlassen würdest, bei wem sollte ich dann meine Zuflucht nehmen? Ich bitte Dich: Vergiß alle Dir von mir zugefügten Kränkungen und erlange mir noch jene Gnaden, um deren Vermittlung ich Dich nun anflehe: Die erste Gnade soll die sein, mich zuvor sterben zu lassen, bevor ich jemals in eine Todsünde fallen sollte. – Die zweite Gnade soll die Bekehrung meiner Mama sein. O Maria, schon seit so langer Zeit bitte ich Dich darum, erhöre mich! – Die dritte Gnade soll sein, daß ich, wenn Gott in seiner unendlichen Güte mich für den Ordensstand berufen sollte, mit all meinen Kräften der Größe dieses Rufes auch entspreche. – Die vierte Gnade sei, daß ich mein (marianisches) Skapulier bis zum letzten Tag meines Lebens bewahre, und daß ich an einem Tag vor Himmelfahrt sterbe. – Endlich, heilige Jungfrau und liebste Mutter, laß Dir diesen meinen Brief nicht fortnehmen und mache, daß ich, sobald dieser Brief zu Deinen Füßen liegen wird, in meinem Herzen die Wirkung spüre, auf die Du schon seit langer Zeit wartest und die ich meinerseits mit allem meinem Verlangen erstrebe, daß ich nämlich an Weisheit zunehme und ein echtes Marienkind werde und mich mit immer noch größerem Vertrauen nennen kann Deine Tochter Maria Clarissa Drach.«

Ob dieser Tochter von David Paul Drach all diese in kindlichem Vertrauen erbetenen Gnaden wirklich zuteil geworden sind, wissen wir nicht; auf jeden Fall wurde sie immer mehr ein Kind Mariens und trat zusammen mit ihrer Schwester in die »Kongregation Unserer Lieben Frau von der Liebe des Guten Hirten« in Angers ein, also in jene Kongregation, in der im Geist ihres Gründers, des hl. Johannes Eudes, und der damals noch lebenden ersten Generaloberin, der hl. Maria Euphrasia Pelletier († 1868), die Herz-Mariä-Verehrung ganz besonders gepflegt wird.

Auch der Sohn, Paul August Drach (* 12. August 1821 in Paris), der im Alter von 16 Monaten zusammen mit seinem Vater getauft worden war, wurde ein großer Marienverehrer; er studierte Theologie am Propaganda-Kolleg in Rom, das sich damals in der Nähe der Kirche Sant'Andrea delle fratte befand, wo die seligste Jungfrau Maria am 20. Januar 1842 dem Juden Alphons Ratisbonne erschien und dessen Bekehrung auslöste. Sicher war der junge Priesterkandidat Paul August Drach zusammen mit seinem Vater, dem Bibliothekar an der Propaganda fide, bei der Taufe des Alphons Maria Ratisbonne am 31. Januar 1842 in der römischen Kirche Gesù dabei.

Paul August Drach, der zuerst auf verschiedenen Kaplansposten in der Bannmeile von Paris, dann als Pfarrer in Sceaux segensreich wirkte und schließlich 1895 als Kanonikus von Notre-Dame in Paris starb, wurde wie sein Vater ein bedeutender Bibelgelehrter, der die

Herausgabe des großen französischen Bibelkommentars »La saint Bible« (Paris 1869 ff.) veranlaßte und in dieser Reihe selber die Paulusbriefe, die Katholischen Briefe und die Apokalypse kommentierte.

Vom Vater Paul-Louis-Bernard Drach ist noch zu berichten, daß er sich als Bibliothekar an der Propaganda fide überaus eifrig schriftstellerisch bis zu seinem Tod am 31. Januar 1865 in Rom betätigte. Die wichtigsten Publikationen aus seinem christlichen Lebensabschnitt sind neben den schon genannten Sendschreiben an seine jüdischen Glaubensgenossen folgende: »L'inscription de la sainte croix« (1831), »La question de l'usure« (1834), »Du divorce dans la Synagogue« (1849), »Catholicum Lexicon hebraicum et chaldaicum in Veteris Testamenti libros« (Paris 1848). Vor allem besorgte er auch die 5. Auflage der sogenannten »Bible de Vence« (27 Bände, Paris 1827 – 33).

1) vgl. D. A. Rosenthal, Convertitenbilder aus dem 19. Jahrhundert (Schaffhausen 1869), III. Bd., S. 48 – 65; Eugenio Zolli, Drach David Paul, in: Enciclopedia Cattolica, I. Vol., p. 1919 – 1920; J. Morienval, Drach (David a sa naissance, Paul Louis Bernard a son baptéme), in: Catholicisme hier aujourd'hui demain, 3. Bd., Sp. 1073 – 1074; M. Catane (= P. Klein), Drach, Paul-Louis-Bernard David, in: Encyclopaedia Judaica, Bd. 6 (Jerusalem 1871), Sp. 191.

2) Die wichtigsten Publikationen Drachs aus seiner jüdischen Zeit: »Cérémonial de Páque« (1818), »Odes hébraiques« (1820, 1821), »Prieres journalières«, »Calendrier israélite pour – l'an du monde 5583« (= 16. Sept. 1822 – 6. Sept. 1823).

3) vgl. Encyclopaedia Judaica, Bd. 6, Sp. 191.

4) P. L. B. Drach, De l'harmonie entre l'Eglise et de la Synagogue ou perpétuité de la religion chretienne (Paris 1825 u. 1828); L. Baumblatt, Der Katholicismus und der Judäismus, S. 34.

5) P. Klein, Drach, in: Encyclopaedia Judaica, Bd. 6, Sp. 191.

6) L. Baumblatt, Der Katholicismus und der Judäismus, frei nach dem französischen Werk »Lettres d'un Rabbin converti aux israelites ses freres« des P. L. B. Drach, nebst Erläuterungen, mit besonderer Rücksicht auf die Juden in Deutschland, Frankenthal, Pfalz, 1841.

7) vgl. L. Baumblatt, a. a. O., S. 2.

8) vgl. L. Baumblatt, a. a. O., S. 9.

2. Der ehrwürdige Franz Maria Paul Libermann († 2. Februar 1852)

Es ist sicher berechtigt, unter den großen jüdischen Konvertiten den ehrwürdigen Diener Gottes Franz Maria Paul Libermann zu nennen, nicht bloß weil er der Gründer einer Ordensgemeinschaft, nämlich der Kongregation vom Herzen Mariae war, die zusammen mit der ihr angeschlossenen Kongregation vom Heiligen Geist besonders viel für die Missionierung des schwarzen Kontinents geleistet hat[1)], sondern weil er seit seiner Bekehrung aus dem Judentum ganz augenfällig von der seligsten Jungfrau Maria geführt wurde und sie innig verehrt hat.[2)]

Um das Leben dieses heiligmäßigen Judenkonvertiten zu verstehen, muß zuerst kurz auf das seines älteren Bruders Samson Libermann hingewiesen werden. Dieser wurde 1801 in Zabern im Elsaß als ältester Sohn des Rabbiners Lazarus Libermann und dessen Frau Lia Susanna Haller geboren. Der Vater war wegen seines besonders großen Talmud-Wissens und wegen seiner überaus strengen jüdischen Orthodoxie bei seinen jüdischen Glaubensgenossen sehr angesehen. Seine fünf Söhne, voran den ältesten, Samson, und den zweitältesten, Jakob, aus dem später der ehrwürdige Diener Gottes Franz Maria Paul wurde, der am 24. März 1803 das Licht der Welt erblickte, erzog dieser Rabbiner besonders gründlich in der jüdischen Religion; ja, der Vater wünschte gar sehr, daß alle seine fünf Söhne Rabbiner würden. Am Ende seiner rabbinischen Studien bekam dann aber Samson Libermann plötzlich großen Widerwillen gegen die sture talmudische jüdische Theologie, er gab – zum größten Verdruß des Vaters – dieses Studium auf, studierte Medizin und wurde Arzt und erwarb sich als solcher in Straßburg sehr bald großes Ansehen.

Nachdem Samson Libermann die Fesseln engherzigen talmudischen Judentums abgeschüttelt hatte, verfiel er weltanschaulich in das andere Extrem. Nun zogen ihn vor allem die atheistischen Schriftsteller Voltaire und Rousseau an. Dabei kam er so weit, daß er schließlich überhaupt nichts mehr glaubte. Nur aus Neugier und purem literarischem Interesse suchte er in dieser Zeit auch die christliche Glaubenslehre kennenzulernen. Diese berührte ihn eigenartigerweise schnell ganz stark. So erzählte er später aus diesem Lebensabschnitt, er sei damals eines Tages mit Freunden an einem Wegkreuz vorübergekommen, sei davor stehen geblieben und habe zu seinen Begleitern gesagt: »Es ist doch eigentlich ein großartiger Gedanke: ein Gott, der für die Menschen stirbt! Ob ich daran glauben könnte?«

In dieser Zeit kam von Tag zu Tag stärker eine eigenartige Unruhe in ihm auf. Weder die ärztliche Praxis, noch sein glückliches Eheleben konnten ihn von dieser Unruhe befreien. Er steckte damit seine junge Gattin an. Auch sie empfand immer entschiedenere Abneigung gegen den toten Kult des talmudischen Judentums; beide Gatten unterhielten sich oft über religiöse Themen, ohne sich dabei wirklich trösten oder belehren zu können. Da fand Samson Libermann eines Tages in einer protestantischen Familie ein Neues Testament. Er begann es – zusammen mit seiner Frau – zu lesen und begeisterte sich mehr und mehr für das Christentum, und zwar so sehr, daß er – zusammen mit seiner Gattin – schließlich gelobte, für den Fall, daß Gott ihnen einen Sohn schenken würde, diesen nicht beschneiden, sondern taufen zu lassen. Um diesbezüglich gut beraten zu werden, wandte sich der Arzt Dr. Samson Libermann in Straßburg an den Präsidenten des lutherischen Konsistoriums namens Hofner, der sich eines großen Ansehens als Theologe erfreute. Er setzte diesem seine Ideen auseinander und fragte ihn, was er zu tun habe, damit das Kind, das seine Frau erwartete, getauft würde. Die enttäuschende Antwort des lutherischen Theologen aber lautete: »Mein lieber Herr Doktor, warum diese Eile, Ihr Kind taufen zu lassen? Die Taufe ist doch keine so wichtige, wesentliche Sache. Ich rate Ihnen für den Augenblick, nicht daran zu denken. Später werden Sie sehen, was zu tun ist.« Diese Antwort bewirkte, daß Dr. Samson Libermann fortan nur noch Abneigung gegen den Protestantismus empfand.

Um diese Zeit, im Jahre 1821, beschäftigte sich das jüdische Konsistorium in Straßburg mit der Gründung einer jüdischen Schule. Dr. Samson Libermann wurde in das Gründungskomitee berufen und zu dessen Sekretär gewählt. Er gab sich dieser Aufgabe mit großem Eifer hin. Dabei unterstützten ihn zwei weitere Komitee-Mitglieder, ein junger jüdischer Advokat namens Mayer und ein Kaufmann namens Dreyfuß. Diese drei Männer gelangten bei der ideellen Vorbereitung der geplanten jüdischen Schule immer mehr zur Überzeugung, daß jedes Bestreben, den Juden im Elsaß kulturell aufwärtszuhelfen, illusorisch sei, wenn es nicht gelänge, die Juden wenigstens an die Schwelle des Christentums zu führen. Das Bedürfnis nach der Wahrheit trieb diese drei Männer, vor allem Dr. Samson Libermann, zu einer eigenartigen Aktion, nämlich zu einem Appell an den katholischen Klerus Frankreichs, sich seiner jüdischen Mitbürger anzunehmen. Es geschah dies in einer von Dr. Samson Libermann ausgearbeiteten und von ihm und den beiden anderen Juden unterzeichneten Denkschrift. Sie ist nicht nur ein Beitrag zur Kenntnis der jüdischen Zustände im Elsaß von damals, sie ist auch ein klarer Beweis für die damals begonnene Konversionsbewegung im Judentum hin zum Christentum.

Der berühmte Kardinal Johannes Baptist Pitra († 1889) hat diese Denkschrift fast im vollen Wortlaut in sein »Leben des ehrwürdigen Dieners Gottes Franz Maria Paul Libermann«[3], des jüngeren Bruders von Dr. Samson Libermann, aufgenommen. Der Anfang dieser Denkschrift lautet:

»Alle erleuchteten Menschen bewundern seit langer Zeit jene frommen und mutigen Geistlichen, die ihrem Vaterland und den Vorteilen, die dieses ihnen bietet, freiwillig entsagen und in fremden Ländern ihr Vermögen und ihre Gesundheit der moralischen und religiösen Bekehrung der wilden, über die weite Fläche des Erdkreises zerstreuten Völkerschaften opfern. Glücklich jenes Volk, das sich solcher Männer rühmen kann, die durch ihre überzeugende Beredsamkeit den heilsamen Balsam einer Religion, die den Menschen auf seine richtige Höhe stellt, in die Herzen ihrer armen, heidnischen Mitmenschen einführen! Es ist erwiesen, daß durch den religiösen Eifer dieser Apostel Gottes bereits Tausende wilder Menschen aus dem Zustand der Vertierung herausgeführt und zu gleicher Höhe mit den zivilisierten Europäern emporgeführt und befähigt worden sind, all die glücklichen Eindrücke des schönsten aller Glaubensbekenntnisse, nämlich des Christentums, in sich aufzunehmen . . .«

Nach dieser »Captatio benevolentiae« wendet sich die Denkschrift dem jüdischen Volk zu. Es heißt da nun: »Wenn es dem Erlöser des Menschengeschlechtes gefallen hat, unter den Juden geboren zu werden, zu leben und zu sterben, warum sollten es diejenigen, die (als katholische Geistliche) berufen sind, die himmlische Lehre des Erlösers zu verkünden, es nun unter ihrer Würde finden, das unglückliche Volk der Juden in den Bereich ihrer frommen, großmütigen Arbeiten einzubeziehen? Haben Eure jüdischen Landsleute, Eure jüdischen Mitbürger etwa weniger Anrecht auf Eure wohltätigen Bestrebungen als die Wilden an den Ufern des Mississippi? O Ihr heiligen Diener eines Gottes des

Friedens und der Barmherzigkeit, die Ihr in Eurem brennenden Eifer den weiten Ozean überquert, in der Hoffnung, einige verirrte Menschen auf den Weg des Heiles zurückzuführen, . . . wollet doch einen teilnehmenden Blick auf Eure jüdischen Brüder werfen! Habt Mitleid mit ihrer Verblendung und Hartnäckigkeit, zieht von ihren Augen die verhüllende Binde, gebt sie der Gesellschaft wieder und Ihr werdet die doppelte Genugtuung haben, verkommene Seelen wiedergeboren und dem Staat nützliche Bürger gewonnen zu haben!«

Als Hauptmittel zur Erreichung dieses Zweckes schlug der Verfasser der Denkschrift, Dr. Samson Libermann, nachdem er alle etwaigen Einwände gegen das Unternehmen im voraus zu entkräften und zu widerlegen versucht hatte, die Bildung einer Gesellschaft zur Verbreitung des Christentums unter den Juden vor, an dessen Spitze der führende katholische Klerus stehen sollte.

Nach Erörterung der wichtigsten Mittel und Wege, wie die Erreichung des großen Zieles angebahnt werden müßte, schließt der Verfasser des Sendschreibens mit den Worten: »Das Mittel, das wir soeben flüchtig entworfen haben, wird – wir sind zutiefst davon überzeugt – die schönsten Resultate zeitigen, wenn es die Billigung derer erlangt, deren Urteil wir es unterbreiten. Und wenn diese sich entschließen, sich ernst damit zu beschäftigen, werden wir einer Einladung zu einer Besprechung gerne Folge leisten, um dem Projekt die nötige Entwicklung zu verschaffen, und wir werden uns dann immer Glück wünschen, die Idee eines so großen, verdienstvollen Werkes gehabt zu haben.«

Wem wurde nun diese Denkschrift überreicht? Da der Bischöfliche Stuhl von Straßburg damals unbesetzt war, wußten die drei jüdischen Freunde nicht, an wen sie sich damit wenden sollten. Da machten sie die Bekanntschaft eines hohen Offiziers namens Brissac, der vor kurzem erst vom Judentum zur katholischen Kirche übergetreten war. Er übernahm es, die Denkschrift dem Bischof Jauffret von Metz zu überreichen. Dieser ausgezeichnete Bischof starb aber kurz darauf am 12. Mai 1823. Die unter seinen Papieren aufgefundene Denkschrift wurde nun dem neuen Bischof von Straßburg, Bischof C. P. M. Tharin überreicht. Dieser begriff die Tragweite des Dokuments, ließ Dr. Samson Libermann und die beiden Mitunterzeichner der Denkschrift zu sich kommen und hatte dann mehrere Unterredungen mit ihnen. Schließlich übergab er die Angelegenheit seinem Generalvikar Bruno Franz Leopold Liebermann († 1844).

Dieser vorbildliche, bibelkundige und überaus seeleneifrige Priester entledigte sich der ihm übertragenen Aufgabe so vortrefflich, daß bereits im Jahr darauf, 1824, Dr. Samson Libermann mit seiner Gattin und die beiden Freunde Mayer und Dreyfuß in die katholische Kirche aufgenommen werden konnten.

Dr. Samson Libermann bemühte sich nun mit viel Liebe um die Bekehrung seiner Brüder. Zwei davon, Felkel und Samuel, lebten damals in Paris. Dr. Samson Libermann empfahl sie dem ehemaligen Rabbiner Paul David Drach. Dieser widmete den beiden Brüdern viel Zeit und Liebe, die Gott bald mit bestem Erfolg krönte, denn die beiden Brüder Felkel und Samuel Libermann konnten bereits 1825 in die katholische Kirche aufgenommen werden.

Lange sträubte sich noch der für das Rabbinat in Metz ausgebildete Jakob Libermann gegen die Konversion. Aber gerade dieser nahm dann seine – wieder unter der Leitung des genannten Konvertiten Paul David Drach – erfolgte Hinkehr zum Christentum ganz besonders ernst. Er nahm in der am Heiligen Abend 1826 in Paris empfangenen Taufe die Namen Franz Maria Paul an.

Ihm gelang es dann, daß auch der letzte noch im Judentum lebende Bruder David Libermann nach Paris kam und dort die heilige Taufe empfing. Franz Maria Paul Libermann schrieb ihm damals: »Entsagen wir uns selbst, entsagen wir unserer Eigenliebe; widersagen wir dem Satan, seiner Hoffart und seinen Werken. Wir widersagen dem Satan, indem wir unser Herz Gott allein schenken und Jesus zusammen mit seiner jungfräulichen Mutter mit der größten Zärtlichkeit unserer Seele lieben . . . Bitten wir unseren Herrn Jesus Christus und die heiligste Jungfrau, damit wir die Gnade erlangen, unser heiliges Versprechen, das allein uns zu wahren Christen macht, vollkommen zu erfüllen: **Alles für Gott und Maria!«**[4)]

Franz Maria Paul Libermann hat später auch fünf von den sechs Kindern seines ältesten Bruders Dr. Samson Libermann die Gnade des Ordensberufes erbetet: vier seiner Nichten traten in die Kongregation der Schwestern von den heiligsten Herzen Jesu und Mariae ein, ein Neffe aber wurde Mitglied der Kongregation vom heiligsten Herzen Mariae.

Franz Maria Paul Libermann selbst entschloß sich bald nach seiner Taufe, sein Leben ganz Gott und Maria im Priesterstand zu weihen. Er trat in das Priesterseminar von Saint Sulpice in Paris ein.[5)]

Bei den Sulpizianern wurde eine ganz besondere christozentrische Marienverehrung gepflegt; der von seiner Empfängnis bis zu seiner Geburt im jungfräulichen Schoß Mariens lebende Christus stand im Mittelpunkt dieser Frömmigkeit. Seit dem Jahre 1665 wurde in den von den Sulpizianern geleiteten Priesterseminaren ein eigenes Fest des Innenlebens Mariens[6)], etwa gleichbedeutend mit einem Fest des Herzens Mariae, gefeiert. Im Pariser Seminar von Saint Sulpice erbaute Franz Maria Paul Libermann seine Studienkollegen durch tiefe marianische Frömmigkeit; zugleich verstand er es in ganz überraschender Weise, alle für ihren heiligen Beruf zu begeistern.

Während er sich aber auf die höheren Weihen vorbereitete, erlitt er einen epileptischen Anfall; das verhinderte nun den Empfang der höheren Weihen. Er ertrug aber diese harte Prüfung in so ergreifender Weise, daß die Vorgesetzten ihn nicht als unfähig für den Priesterberuf wegschickten, sondern ihm das Anerbieten machten, auf dem Landhaus des Priesterseminars zu Issy bei Paris, wo die Kandidaten der Philosophie wohnten, auf unbestimmte Zeit seinen Aufenthalt zu nehmen. Acht Jahre lang übte hier Franz Maria Paul Libermann ein segensreiches Apostolat unter den Priesterkandidaten von Saint Sulpice aus. Die Vorgesetzten konnten später erklären, daß seit der Zeit Jean-Jacques Oliers († 1657), des Gründers der Sulpizianer, kein größerer Eifer in Saint Sulpice geherrscht habe, als in den Jahren, in denen Franz Maria Paul Libermann in Issy sich aufhielt.

Als die in der Französischen Revolution unterdrückte und damals wieder errichtete Priesterkongregation des hl. Johannes Eudes († 1680) einen Novizenmeister suchte, wurde Franz Maria Paul Libermann, obwohl er nur die niederen Weihen empfangen hatte, von seinen Vorgesetzten in Saint Sulpice für dieses Amt in Vorschlag gebracht. Fast zwei Jahre lang wirkte er nun als Novizenmeister der jungen Eudisten-Kleriker in Rennes, bis er die Erkenntnis empfing, daß er selbst zum Gründer einer neuen religiösen Genossenschaft unter dem Patronat Mariens zur Bekehrung der Neger berufen sei.

In Issy hatte Franz Maria Paul Libermann bei seinem Weggang nach Rennes zwei Freunde zurückgelassen: Frederic Le Vavasseur, den 1811 auf der Insel Bourbon geborenen Sohn eines Plantagenbesitzers, und Eugen Tisserand, den Sohn einer Kreolin und eines früheren Gouverneurs von San Domingo; beide bereiteten sich auf das Priestertum vor, um später an der Bekehrung der Negersklaven zu arbeiten. Die Vorgesetzten von Saint Sulpice billigten die Pläne dieser beiden Kleriker. Die Angelegenheit wurde dem Gebet der Erzbruderschaft vom heiligsten Herzen Mariae an der Kirche Unserer Lieben Frau vom Sieg in Paris, wo neben dem berühmten Abbé Charles Dufriche-Desgenettes († 1860) der aus dem Judentum bekehrte Priester Theodor Maria Ratisbonne († 1884) wirkte, warm empfohlen.

Als nun Franz Maria Paul Libermann vom geplanten Werk seiner beiden Freunde in Issy erfuhr, war er rasch entschlossen, sich an diesem Werk zu beteiligen. Er legte seine Stelle als Novizenmeister in Rennes nieder und begann, zusammen mit den beiden Freunden die Kongregation der Missionäre vom heiligsten Herzen Mariae zu gründen. In der Kirche Unserer Lieben Frau vom Sieg in Paris wurde der Plan fixiert und der Gottesmutter durch Abbé Desgenettes dem Mutterherzen Mariae anempfohlen. Wie bei den beiden bekehrten jüdischen Brüdern Theodor und Alphons Ratisbonne, so spielt auch im Leben des mit ihnen nicht bloß durch Seelenverwandtschaft, sondern auch durch Blutsverwandtschaft verbundenen Franz Maria Paul Libermann das Heiligtum Unserer Lieben Frau vom Sieg in Paris eine große, ja entscheidende Rolle. Kardinal Joh. B. Pitra meint sogar in seinem Leben des ehrwürdigen Dieners Gottes Franz Maria Paul Libermann[7)], daß »der eigentliche Gründungstag der von P. Libermann geschaffenen Kongregation der Missionärc vom heiligsten Herzen Mariae der 2. Februar 1839 gewesen sei, an welchem der ehrwürdige Gründer der Erzbruderschaft vom heiligsten Herzen Mariae zur Bekehrung der Sünder, Abbé Desgenettes, zum ersten Mal vor der versammelten Gemeinde die Stimme erhob, um ihr das Seelenheil der schwarzen Rasse ganz warm ans Herz zu legen. Weder dieses Datum, noch diese Tatsache kann uns bedeutungslos erscheinen, noch kann dies vergessen werden. Man merkte es der Stimme des ehrwürdigen Priesters an, daß sie feierlicher als sonst klang, da er in der ihm eigenen Weise schilderte, wie sehr sein Herz ergriffen sei von dem unglücklichen Los so vieler Tausender verlassener Seelen, und als er den Mitgliedern seiner Erzbruderschaft erklärte, daß es hier (bei der Gründung der Kongregation der Missionare vom heiligsten Herzen Mariae zur Bekehrung der Neger) um etwas Großes und des Unbefleckten Herzens der erhabenen Jungfrau Maria Würdiges gehe . . . Wie könnte auch, wenn nicht in der Kirche, so doch wenigstens in unserem (französischen) Vaterland ein gutes Werk genannt werden, das nicht in der Kirche Unserer Lieben Frau vom Sieg in Paris entweder seine Wiege oder seinen Rettungsanker oder seinen Mittel- und Sammelpunkt gefunden hätte? Man hat ja mit Recht gesagt: wenn Paris das Haupt Frankreichs ist, so ist Notre-Dame des Victoires sein Herz und die Erzbruderschaft vom heiligsten Herzen Mariae zur Bekehrung der Sünder ist die Bundesgenossenschaft der christlichen Seelen, archisodalitas orbis universi.«

Wie ging es nun weiter mit Franz Maria Paul Libermann? Er reiste in Begleitung des Subdiakons De la Brunière, der sich gleichfalls der Negermission widmen wollte, nach Rom, um dort in der Propaganda fide die Angelegenheit vorzutragen. Sein geistlicher Vater Paul-Louis-Bernard Drach, der damals schon Bibliothekar an der Propaganda war, führte Libermann eines Tages im Jahre 1840 bei Papst Gregor XVI. ein. Dieser hieß den Plan, den Libermann ihm vortrug, gut. Ein volles Jahr brachte Libermann nun in der Ewigen Stadt zu, um die Konstitution und die Regeln der beabsichtigten Genossenschaft auszuarbeiten. Schließlich kam es zu konkreten Verhandlungen mit der Leitung der Propaganda-Kongregation, um die volle Genehmigung für die zu gründende Kongregation von Priestern zu erhalten, die unter dem Schutz des heiligsten Herzens Mariae den Negern in Afrika und Amerika Hilfe bringen sollten. Es gab aber noch der Schwierigkeiten genug, bevor die Gründung der Genossenschaft und der Beginn der missionarischen Arbeit in die Tat umgesetzt werden konnte. Das letzte große Hindernis war die epileptische Krankheit, die Libermann immer noch quälte und für den Empfang der Priesterweihe irregulär machte. In dieser Not wollte sich Libermann in einer Wallfahrt nach Loreto die Hilfe der Gottesmutter erbitten. Tatsächlich wurde er von der Epilepsie befreit, so daß seiner Priesterweihe schließlich nichts mehr im Wege stand. Im Jahre 1841 wurde er vom Bischof von Amiens zum Priester geweiht. Seinem Bruder Dr. Samson Libermann schrieb er am Priesterweihetag, 18. September 1841: »Misericordias Domini in aeternum cantabo. Lieber Bruder . . . Ich habe Euch die große Barmherzigkeit und unaussprechliche Güte Unseres Herrn Jesus Christus gegen einen unwürdigen Diener, der nicht einmal Seinen heiligen Namen auszusprechen wert ist, zu verkünden. Soeben, diesen Morgen, bin ich zum Priester geweiht worden. Gott weiß, was ich an diesem großen Tag empfangen habe, Gott allein weiß es. Denn weder Mensch noch Engel vermag es zu begreifen. Bittet Ihn, daß es zu Seiner größeren Ehre, zum Heil und zur Heiligung der Seelen und zur Erbauung der Kirche gereiche, daß ich nun doch noch das Priestertum erlangt habe . . . Nächsten Samstag, um 7 Uhr, werde ich das hl. Opfer in der Kirche Unserer Lieben Frau vom Sieg zu Paris auf dem Altar der Erzbruderschaft feiern. Vereinigt Eure Meinung mit der meinigen, ich werde Euer dabei ganz besonders gedenken. Denkt auch an unsere ungläubigen Verwandten und an die schwachen Christen! . . . Liebet Unseren Herrn und Seine hochheilige Mutter mit ganzer Seele! Ganz der Eurige in ihrer heiligen Liebe: Fr. Libermann, Priester.«[8)]

Im selben Jahr noch nahm die Kongregation vom Heiligsten Herzen Mariae einen sehr realen Anfang und begann zu wachsen, 1848 wurde sie mit der Kongregation vom Hl. Geist vereint. Libermann blieb der Generalobere auch der vereinten Ordenskongregation und wurde als solcher in den folgenden Jahren ein überaus erfolgreicher Wiedererwecker der afrikanischen Missionen.

In den nur zwölf Jahren seines Priesterlebens hat der jüdische Konvertit P. Libermann die Kirche mit einer neuen Ordenskongregation bereichert, ein blühendes Noviziat für Missionspriester und -brüder in der ehemaligen Abtei Notre-Dame de Gard gegründet, sein gedeihendes Ordensinstitut mit der ansehnlichen Kongregation vom Hl. Geist verbunden, die wichtige Mission von Guinea ins Leben gerufen und zur Entfaltung gebracht, die Gründung dreier Apostolischer Vikariate betrieben, die Errichtung dreier Diözesen durchgesetzt, den Wirkungskreis seiner Ordenskongregation nach Amiens, Paris, Bordeaux, Cayenne, auf die Insel Mauritius und Bourbon und bis nach Australien ausgedehnt, seine teuersten Söhne in großer Zahl durch das erlittene Martyrium Gott zum Opfer gebracht, der Kirche mehr als 60 Apostel gegeben, die mit ihrem Schweiß und ihren Tränen selbst die fernsten Inseln Ozeaniens benetzten. Dazu war er auch in der Innenmission in Paris und Amiens und an anderen Orten Frankreichs und vor allem auch in der Priesterseelsorge erfolgreich tätig. Dabei bewährte er sich auch als einer der besten aszetischen Schriftsteller Frankreichs im vorigen Jahrhundert. Es sind nicht bloß 528 Briefe der Seelenleitung an Priesterkandidaten und Ordensleuten von ihm erhalten, sondern auch Abhandlungen über das Gebet und das geistliche Leben insgesamt, dazu auch ein Kommentar zu einzelnen Kapiteln des Johannes-Evangeliums.

Bei allem unermüdlichen Einsatz war immer das Unbefleckte Herz Mariae das große Leitbild, an das sich P. Libermann richtete. Man kann wirklich mit Recht sagen: Was die beiden jüdischen Brüder Ratisbonne für die Bekehrung der Juden gewirkt haben, das wirkte P. Franz Maria Paul Libermann für die Bekehrung der Neger. Und wie die beiden Brüder Ratisbonne ihr Apostolat und ihr ganzes priesterliches Leben und Wirken nach ihrer Konversion ganz und gar unter den Schutz Mariens gestellt haben, so hat es auch P. Libermann getan.

Nach den ungemein segensreich und tatenvoll verlaufenen zwölf Priesterjahren im Leben P. Libermanns hätte man meinen können, dieses Priesterleben stehe erst an seinem Anfang. Gott hatte anders darüber beschlossen. Er sandte ihm eine langwierige, schwere Krankheit. Gegen Ende Januar 1852 traten dabei äußerst beunruhigende Symptome auf. P. Libermanns Bruder, der Arzt Dr. Samson Libermann, war sofort auf die erste Nachricht von der schweren Erkrankung seines geliebten Bruders von Straßburg nach Paris ans Krankenlager geeilt. Aber er konnte nicht mehr helfen, sondern konnte sich nur noch an dem gottergebenen Leiden seines Bruders erbauen. Am Fest Mariae Lichtmeß, 2. Februar 1852, trat der Tod ein, während die Kommunität, zur Vesper des Festes in der Hauskapelle versammelt, gerade im Magnificat der Gottesmutter deutlich vernehmbar die Worte sang: ». . . et exaltavit humiles«. Die Weissagung Mariens in ihrem Magnificat, daß Gott den Stolzen widersteht, die Demütigen aber erhöht, ist sicher bei Franz Maria Paul Libermann am Ende seiner Erdenpilgerfahrt in Erfüllung gegangen.

[1] vgl. Kardinal Joh. B. Pitra OSB, Leben des ehrwürdigen Dieners Gottes Franz Maria Paul Libermann (Stuttgart 1893); L. Dohmen, Der ehrwürdige Franz Maria Libermann (Speyer 1947); David August Rosenthal, Convertitenbilder aus dem 19. Jahrhundert, III. Bd., 1. Teil, S. 83 – 125.

[2] H. Barré, Spiritualité mariale du Venerable F. M. P. Libermann, in: H. du Manoir Maria, Band III (Paris 1954), p. 379 – 401.

[3] vgl. Kardinal Joh. B. Pitra, a. a. O., S. 11 – 16.

[4] vgl. Kardinal Joh. B. Pitra, a. a. O., S. 45 – 46.

[5] vgl. Kardinal Joh. B. Pitra, a. a. O., S. 42 – 43.

[6] vgl. D. M. Montagna: Maria, in: Dizionario degli Istituti di perfezione, V/925.

[7] vgl. Kardinal Joh. B. Pitra, a. a. O., S. 210.

[8] vgl. Kardinal Joh. B. Pitra, a. a. O., S. 287 – 288.

3. Theodor Maria und Alphons Maria Ratisbonne († 1884)

Diese beiden jüdischen Brüder, die vor allem durch die Messias-Mutter Maria, die größte »Tochter Sions«, zum christlichen Glauben und in ihm zum Messias fanden, wollten nach ihrer Bekehrung durch die Vermittlung Mariens dem Volk, dem sie entstammten, zur wahren Wiedergeburt verhelfen. Sie gründeten dazu die Ordenskongregation »Unserer Lieben Frau von Sion«, die heute noch im weiblichen Zweig überaus segensreich wirkt und viel zur Verständigung zwischen Christentum und Judentum beiträgt.

1. Theodor Maria Ratisbonne[1)] († 10. Jänner 1884)

Der ältere der beiden Brüder wurde am 28. Dezember 1802 als zweites der neun Kinder des reichen jüdischen Bankiers August Ratisbonne († 1830) und der Adelheid Cerfbeer († 1818) in Straßburg geboren, wohin im 18. Jahrhundert die Ratisbonne's aus Regensburg – daher ihr Name – gekommen waren.

Die Kinder dieser reichen jüdischen Familie wuchsen in einem sehr liberalen Judentum auf, von dem sich aber sowohl Theodor, als auch Alphons in der Zeit ihres Universitätsstudiums in religiöser Hinsicht immer mehr distanzierten, während sie in völkischer Hinsicht mit dem Judentum durch Hilfsbereitschaft armen, zugewanderten Juden gegenüber verbunden blieben.

In seinen autobiographischen »Erinnerungen« (»Souvenirs«)[2)] schrieb Theodor Ratisbonne: »In dem Maß, als mein Verstand reifte, warf ich das Joch des mosaischen Gesetzes ab . . . Bald machte mich der Name Jude sogar erröten . . . Ich zog mich aus den jüdischen gottesdienstlichen Versammlungen immer mehr zurück. Mein Vater, obwohl Präsident des jüdischen Konsistoriums, ging selbst nie hin, außer wenn er durch irgendeine Feierlichkeit dazu verpflichtet war. Ich lebte schließlich ohne Religion. Oft sagte ich mir: ›Ich bin jetzt zwanzig Jahre alt und weiß nicht, weshalb ich auf der Welt bin. Was ist der Sinn des Lebens und zu welchem Zweck bin ich auf diese Erde gesetzt worden?‹ Diese Fragen, die noch tausend andere wachriefen und tausend Theorien erzeugten, bemächtigten sich meiner Seele und beherrschten sie bald ausschließlich. Ich meinte, es müßte doch irgendeine Schule geben, in der mir das Geheimnis der gegenwärtigen und zukünftigen Probleme enthüllt werden könnte . . . Aber keine Stimme antwortete auf meine Fragen, auf meine Bedürfnisse. Ich las Rousseau und verschlang ohne Unterschied alle Ansichten und Paradoxe dieses verführerischen Pädagogen . . . Ich meinte dann, die Lösung meiner Zweifel in der Philosophie zu finden, und las Locke, Voltaire, Volney u. a. . . . Durch mein Grübeln über das Gute und Böse, über Macht und Ohnmacht Gottes und über das Problem des Weltalls war ich – wenn schon nicht zum offenen Gottesleugner – so doch im höchsten Maß zum Skeptiker geworden . . . Um das Maß meines Unglücks voll zu machen, nahm ich schließlich meine Zuflucht zu Männern, die für gelehrt galten und mich in meiner ausdörrenden Ungläubigkeit noch weiter bestärkten. Sie gaben mir recht und vermehrten durch ihren Sarkasmus die Abneigung und die Vorurteile, die man mir seit meiner Kindheit gegen das Christentum eingeflößt hatte. Ich erwähne dies alles nur, um zu zeigen, in welchen Abgrund ich gestürzt war. In einem jener Augenblicke tiefsten Schmerzes rief ich einmal in der Bitterkeit meiner Seele aus: ›O Gott, wenn du wirklich existierst, laß mich doch die Wahrheit erkennen, und im voraus schwör' ich dir, ihr mein Leben zu weihen!‹«

In dieser seelischen Zerrissenheit geriet Theodor Ratisbonne im Jahre 1823 durch den ihm bis dahin unbekannten jüdischen Jus-Studenten Julius Lewel unter den Einfluß des Straßburger Philosophie-Professors E. M. Bautain († 1867), der selbst zuerst stark vom Rationalismus befallen gewesen war, dann aber, 1819 bis 1820, durch das eifrige Lesen der Hl. Schrift eine fast schroffe Wende vom Rationalismus zum christlichen Offenbarungsglauben vollzogen hatte, wie er in seiner 1827 in Straßburg herausgebrachten Bekenntnisschrift »La morale de l' Evangelie à la morale des philosophes« aufgezeigt hat.

Theodor Ratisbonne wurde tief beeindruckt von einem privaten Seminar Bautains, das er zusammen mit einem katholischen Iren, einem orthodoxen Russen und dem Juden Julius Lewel im Hause des heiligmäßigen Fräuleins Louise Humann in der Straßburger »Rue de la Toussaint« mitmachen konnte. Dieses Fräulein Humann war die Schwester eines Freundes des Mainzer Bischofs Colmar; sie war nach dem Tod dieses aus Straßburg stammenden großen Bischofs im Jahre 1818 wieder in ihre Heimat Straßburg zurückgekehrt. In ihrer Wohnung fand nun dieses Philosophie-Seminar Bautains statt, von dem Theodor Ratisbonne in seinen

»Erinnerungen« geschrieben hat: »Mit Entzücken nahmen wir das einfache und belebende Wort unseres Lehrers Bautain auf, das aus der Fülle seines Herzens sprudelte. Es war nicht ein Lehren wie das irgendeines anderen Professors, es war eine wahrhaftige Einweihung in die Mysterien des Menschen und der Natur. Wir hörten mit Überraschung und Bewunderung die Enthüllungen jener allgemeinen Wahrheit, die dieser Lehrer aus der lebendigen Quelle der Heiligen Schrift schöpfte, aus der er selbst Stärke, Kraft und Macht gewonnen hatte. Diese Vorträge bewirkten mehr als Erleuchtung meines Verstandes, sie erwärmten mein Herz, erweckten meinen Willen und machten das Eis schmelzen, das sich um meine Seele gelagert hatte. Der Einfluß des Christentums umgab mich allmählich von allen Seiten und durchdrang mich, ohne daß ich es merkte.«

Der Einfluß dieses Prof. Bautain auf den 25jährigen Juden Theodor Ratisbonne muß damals ganz stark gewesen sein. Schließlich war es so weit, daß er schreiben konnte: »Meine Seele war für Jesus Christus gewonnen und ich sehnte mich nach der Taufe, deren Notwendigkeit mir klar geworden war.«

Aufschlußreich ist in dieser seelischen Entwicklung hin zum Glauben an Christus, wie ihm nach seinem Geständnis auch die Bedeutung der Marienverehrung immer mehr aufging. Er schreibt davon in seinen »Erinnerungen«: »Je mehr man sich mit Jesus Christus verbindet, umso mehr erfährt man auch das ganz große Bedürfnis, auch seine Mutter zu ehren und zu preisen; es ist ja die Mutterschaft Mariens, die uns von Jesus eine vollkommene Kenntnis schenkt, sie ist der lebendige Ort, der uns in Beziehung zu Ihm bringt; durch sie ist ja Gott ein Menschenkind geworden, durch sie wird der Mensch ein Gotteskind; die Marienverehrung ist, wenn sie tief und sinnvoll durchgeführt wird, ein Indiz des wahren Glaubens, ist Vorbedingung für unseren geistlichen Fortschritt und ist gleichsam ein Kanal des Gebetes und der Gnade, das Geheimnis süßester und fruchtbarster Tröstungen.«

Der Taufe stand noch eine große Schwierigkeit entgegen: Theodor Ratisbonne berichtet darüber so in seinen »Erinnerungen«: »Die göttliche Vorsehung hatte mich in eine schwierige Lage versetzt, die ein zurückhaltendes, vorsichtiges Vorgehen verlangte. Mein Vater hatte nämlich gewünscht, daß ich die Leitung der Schulen übernehme, die er – als Vorsitzender des jüdischen Konsistoriums – 1825 für jüdische Kinder gegründet hatte; die Not der aus den Ostgebieten und aus Afrika zugewanderten armen, meist ungebildeten Juden und ihrer Kinder war groß. Es hatte meinem erwachenden christlichen Glauben und meiner alten Eigenliebe große Opfer gekostet, diese Aufgabe zu übernehmen, zumal sie mich mit allem, was die Synagoge an unedlen Elementen in sich schloß, wieder in Verbindung bringen mußte. Aber die Aufmunterung meines Lehrers Bautain, die Aussicht auf das Gute, das ich dabei vielleicht wirken könnte, und das Bedürfnis, das Licht des wahren Glaubens, das in mir aufzuleuchten begonnen hatte, weiter zu verbreiten, bestimmte mich, dieses wohltätige Werk zu übernehmen, dem ich mich nun ganz hingab. Meine Jus-Studien waren beendet und ich hatte bereits eine Advokatur am Gerichtshof in Colmar erhalten. Da ich mich aber dem Jus-Studium nur aus Ruhmsucht und Ehrgeiz gewidmet hatte, glaubte ich, dem Advokatenstand ebenso entsagen zu müssen, wie ich dem Beruf eines Bankiers entsagt hatte. Ich beschäftigte mich damals mit den Naturwissenschaften und mit der Medizin, aber eigentlich nur deshalb, um weiter an der Seite meines geliebten Professors Bautain bleiben zu können. Zwei jüdische Freunde taten dasselbe. Die gemeinsame Beschäftigung und Zielsetzung schmiedete uns sehr zusammen. Unsere Absicht ging dahin, das Medizinstudium richtig zum Abschluß zu bringen, um dann eines Tages die ärztliche Kunst unentgeltlich auszuüben und die Summe unserer Kenntnisse gemeinschaftlich nur für das Wohl der Armen zu investieren. Wir drei hatten das große Verlangen, Gutes zu tun und uns dazu einem wohltätigen Werk zu widmen. Aber keiner von uns ahnte den höheren Beruf, für den uns Gott ohne unser Wissen vorbereitete.«

Vorerst also widmete sich Theodor Ratisbonne zusammen mit seinen beiden jüdischen Freunden Julius Lewel und Isidor Goschler mit großem Erfolg der Leitung der jüdischen Schule in Straßburg. Da Theodor Ratisbonne aber mit seinen beiden Freunden immer mehr christlichen Geist in seine schulische Tätigkeit einfließen ließ, schöpfte man in jüdischen Kreisen bald Verdacht, daß hier manches im Sinn des Judentums nicht mehr in Ordnung sei. So trennten sich zuerst die beiden Freunde von dem Unternehmen und entschlossen sich zur Konversion. Schließlich tat auch Theodor Ratisbonne den entscheidenden Schritt und ließ sich am Karsamstag, 14. April 1827, taufen.

Er selbst schildert das große Ereignis so: »Ich ging vom Judentum zum Christentum über, von der Synagoge zur Kirche, von Mose zu Jesus Christus, vom Tod zum Leben. Ja, es war das wahre Leben, das mich nun durchdrang, als das Taufwasser über meine Stirne floß. Ich empfand ein unaussprechliches Gefühl von Freude, Freiheit, Würde und Dankbarkeit; die ganze Natur schien mich anzulächeln und ein neues Licht schien die Welt zu erleuchten; ich sah alle Dinge von einem ganz neuen Gesichtspunkt aus und mein Glück, nun der großen christlichen Familie angehören zu dürfen, war so groß, daß ich mich nur ganz schwer zurückhalten konnte, um es nicht allen, dene ich nach der Taufe begegnete, laut zu verkünden.«

Dem Vater, der vom getanen Schritt seines Sohnes noch nichts Sicheres wußte, sondern nur vermutete und ihn eines Tages fragte, ob er etwa Christ geworden sei, gestand Theodor Ratisbonne: »Ja, Vater, ich bin Christ, und mein Glaube ist es, der mich nun dazu drängt, allen Annehmlichkeiten des bisherigen Lebens zu entsagen, um mich ganz der Wiedergeburt meiner jüdischen Brüder zu widmen.«

Er wandte sich nun dem Theologiestudium zu, um Priester zu werden. Der Straßburger Bischof J. F. Lepape de Trévern († 1842) nahm ihn und seine beiden Freunde Julius Lewel und Isidor Goschler in das zu Molsheim errichtete Priesterseminar auf, nachdem sie vorher unter Leitung von Professor Bautain, der schon 1826 Priester geworden war, noch Schriftexegese, Kirchengeschichte und Patrologie sowie die anderen theologischen Fächer studiert hatten. Am 18. Dezember 1830 wurde Theodor Ratisbonne zum Priester geweiht.

Er wirkte dann zuerst für kurze Zeit als Vikar an der Kathedrale von Straßburg. Schon bald aber übertrug ihm und seinen beiden Freunden der Bischof die Leitung und den Unterricht im Knabenseminar. Dann erteilte er in Straßburg mit seinen Freunden an einer höheren Schule Unterricht, von 1836 bis 1840 widmete er sich einem intensiven Studium der Kirchenväter und der geistlichen Schriftsteller des Mittelalters und schrieb in dieser Zeit eine Biographie des großen Marienverehrers des 12. Jahrhunderts, des hl. Bernhard v. Clairvaux.[3)]

Im Jahre 1840 verließ Theodor Ratisbonne Straßburg und ging nach Paris, wo er bald seinen Lieblingsplan, »an der geistigen Wiedergeburt der Juden zu arbeiten«, aufnahm.

Er stellte sich hier dem berühmten Abbé Charles Desgenettes († 1860), dem Pfarrer an der Kirche »Unserer Lieben Frau vom Sieg« (»Notre-Dame des Victoires«) zur Verfügung. Diesem Pfarrer war es sehr zu Herzen gegangen, daß seine mitten im Trubel der Pariser Vergnügungslokale gelegene Kirche einen ganz verschwindend geringen Zuspruch von Gläubigen hatte. Als er völlig entmutigt am 3. Dezember 1836 die hl. Messe feierte, vernahm er die Worte: »Weihe deine Pfarrei dem heiligsten Herzen Mariens!« Er tat es. Von da an gelang ihm eine völlige Umwandlung seiner Pfarrei. Der Besuch der hl. Messe hob sich in erstaunlicher Weise. Noch einen Fingerzeig von oben bekam er: Er nahm die Prägung der sogenannten »Wundertätigen Medaille«, wie sie die Gottesmutter im Jahre 1830 im Mutterhaus der Barmherzigen Schwestern des hl. Vinzenz von Paul in der Pariser »Rue du Bac« der Novizin Katharina Labouré aufgetragen hatte, in Angriff und betrieb die Versendung dieser Medaille in alle Welt. Zugleich aber gründete er die Bruderschaft vom heiligsten Herzen Mariae zur Bekehrung der Sünder, die in kurzer Zeit einen ganz großen Aufschwung nahm und vom Hl. Stuhl am 16. Dezember 1836 bestätigt und bald schon als weltweites katholisches Werk zur Erzbruderschaft erhoben wurde. Von dieser Gnadenstätte »Unserer Lieben Frau vom Sieg« in Paris ging in der Folgezeit ein wahrer Siegeslauf in der Ausbreitung der Verehrung des heiligsten, unbefleckten Herzens Mariae aus; bis zum Jahre 1896 waren der Erzbruderschaft bereits 18.883 Bruderschaften in aller Welt angeschlossen. Auch die Verbreitung der »Wundertätigen Medaille« gelang von da aus in wenigen Jahren millionenfach.

Wen könnte es da verwundern, daß sich der 1827 getaufte, 1830 (im Jahr der Erscheinung Mariens vor der hl. Katharina Labouré) zum Priester geweihte Jude Theodor Ratisbonne ganz besonders zu dieser Pariser Gnadenstätte hingezogen fühlte, um dort für die Bekehrung seiner jüdischen Volksgenossen, vor allem auch für die seines von Haß gegen die katholische Kirche glühenden Bruders Alphons zu beten und zu arbeiten.[3)] Kaum hatte Theodor Ratisbonne als Vizedirektor der Erzbruderschaft vom heiligsten Herzen Mariae zur Bekehrung der Sünder sein eifriges Beten, Opfern und Arbeiten aufgenommen, stellte sich ein wahrhaft wunderbarer Erfolg ein, als am 20. Januar 1842 seinem dem Christentum feindlich gesinnten Bruder Alphons in der Kirche »Sant'Andrea delle fratte« in Rom eine völlig unerwartete Erscheinung Mariens zuteil wurde, und zwar in jener Gestalt, wie sie auf der »Wundertätigen Medaille« dargestellt ist.

2. Alphons Maria Ratisbonne[4] († 6. Mai 1884)

In einem Brief an Abbé Charles Desgenettes, den Pfarrer der Kirche »Unserer Lieben Frau vom Sieg« in Paris, hat der am 1. Mai 1812 in Straßburg geborene Alphons Ratisbonne über seine Kindheit folgendes geschrieben: »Ich begann meine Studien auf dem Gymnasium zu Straßburg, wo ich größere Fortschritte in der Verderbnis des Herzens als in geistiger Ausbildung machte. Um das Jahr 1827 – ich war damals fünfzehn Jahre alt – wurde meine Familie von einem ganz harten Schlag getroffen. Mein Bruder Theodor, auf den man große Hoffnungen gesetzt hatte, war Christ geworden und bald darauf, trotz der lebhaftesten Vorstellungen, die man ihm machte, und trotz der großen Betrübnis, die er verursacht hatte, noch weiter gegangen, er wurde Priester und begann in derselben Stadt unter den Augen meiner untröstlichen Familie seine priesterliche Tätigkeit. So jung ich damals war, so empörte mich doch die Handlungsweise meines Bruders und ich hatte einen Haß gegen sein Priesterkleid und seinen Charakter. Im Umgang mit zwar christlich getauften, aber ebenso lauen Jünglingen wie ich aufgewachsen, hatte ich bisher weder Sympathie für das Christentum noch Antipathie dagegen empfunden, aber die Konversion meines Bruders, die ich als eine unerklärliche Tollheit und Dummheit betrachtete, ließ mich an den Fanatismus der Katholiken glauben und dagegen ganz große Abscheu empfinden.«[5]

Nach dem Gymnasium studierte Alphons Ratisbonne Jus in Paris und wurde Advokat, er trat dann aber in das Bankgeschäft seines reichen Onkels Louis Ratisbonne (1780 – 1855) ein, der alles aufbot, um ihn an sich zu fesseln. »Ich aber liebte nur die Vergnügungen, das Geschäftliche langweilte mich, die Comptoirluft erstickte mich; ich war der Ansicht, daß man auf der Welt sei, um zu genießen; und obgleich mich bisher ein gewisses natürliches Schamgefühl von unedlen Genüssen und Gesellschaften ferngehalten hatte, träumte ich nur von Festlichkeiten und Zerstreuungen und überließ mich ihnen leidenschaftlich . . . Ich beschäftigte mich zwar sehr eifrig mit dem Los meiner armen jüdischen Glaubensgenossen, hatte aber selber keinen Glauben. Ich war Jude nur dem Namen nach, ich glaubte nicht einmal an Gott, öffnete auch nie ein religiöses Buch; im Hause meines Onkels so wenig wie bei meinen Brüdern und Schwestern wurde je auch nur die geringste Vorschrift des Judentums befolgt. So gab es denn eine Leere in meinem

Herzen und trotz allen Überflusses war ich nicht glücklich; es fehlte mir etwas; aber dieses etwas wurde mir gegeben, wenigstens glaubte ich es: Meine Nichte Flora (1824 – 1915), die Tochter meines ältesten Bruders Adolph, war mir seit unseren Kinderjahren zugedacht. Anmutig hatte sie sich entwickelt; in ihr erblickte ich meine ganze Zukunft, die ganze Hoffnung auf ein Glück, das mir beschieden sei. Als daher meine Familie in Übereinstimmung mit unserer gegenseitigen Zuneigung die so lang ersehnte Verbindung festsetzte, meinte ich, daß fortan nichts mehr zu meinem Glück fehlen würde. In der Tat sah ich nach der Verlobungsfeier meine ganze Familie auf dem Gipfel der Freude . . . Ein einziges Familienmitglied war mir verhaßt; es war dies mein Bruder Theodor. Sein Priestergewand stieß mich ab, seine Nähe mißfiel mir, seine ernste, nachdrückliche Sprache reizte meinen Zorn . . .

Ich wollte ihn nicht mehr sehen und nährte einen bitteren Haß gegen die katholischen Priester, gegen Kirchen und Klöster, vor allem gegen die Jesuiten, deren Erwähnung allein schon meine Wut hervorrief. Glücklicherweise verließ mein Bruder 1840 Straßburg. Er wurde nach Paris an die Kirche »Notre-Dame des Victoires« berufen, wo er, wie er beim Abschied sagte, nicht aufhören würde, für die Bekehrung seiner Brüder und Schwestern zu beten . . .

Wegen des zarten Alters meiner Braut – sie war erst sechzehn Jahre alt – wurde es für angemessen erachtet, die Hochzeit noch hinauszuschieben. Ich sollte unterdessen eine Vergnügungsreise machen.«[6)]

Es war zunächst eine Kreuzfahrt von Marseille nach Neapel. Neujahrstag 1842. An diesem Tag kam Alphons Ratisbonne zufällig in eine katholische Kirche. »Ich glaube, es wurde Messe gelesen; wie dem auch sei, ich blieb aufrecht stehen, an eine Säule gelehnt, und mein Herz schien sich zu öffnen und eine unbekannte Luft einzuatmen. Ich betete auf meine Weise, unbekümmert um das, was um mich herum vor sich ging. Ich betete für meine Braut, für meinen Onkel, für meinen 1830 verstorbenen Vater, für meine gute Mutter, die ich mit sechs Jahren (1818) allzu früh verloren hatte, für alle, die mir teuer waren, und bat Gott um seinen Beistand für meine Pläne zur Verbesserung des Loses der Juden, ein Gedanke, der mich unaufhörlich verfolgte. Meine Traurigkeit schwand wie eine schwarze Wolke, die der Wind verjagt und verscheucht; eine unaussprechliche Ruhe erfüllte auf einmal meine Seele und ich empfand einen süßen Trost, als ob eine Stimme mir sagte: ›Dein Gebet wird erhört‹. Wahrlich, es ist hundertfach erhört worden!«

Statt – wie geplant – nach Sizilien und dann nach Malta weiterzureisen, wie er es mit seiner Braut ausgemacht hatte, fuhr er am 5. Januar 1842 nach Rom, um dort die verschiedenen Sehenswürdigkeiten zu bewundern. Spätestens am 20. Januar wollte er für die Weiterreise nach Sizilien und Malta wieder in Neapel sein. In verhältnismäßig großer Eile besuchte er zuerst das antike Rom und die Galerien der Ewigen Stadt, dann die wichtigsten Kirchen und die Katakomben. Immer hatte er dabei vor, möglichst Negatives über die katholische Kirche in seinem Tagebuch zu notieren. Darum suchte er auch das römische Judenviertel, das Ghetto, auf und zeigte sich entsetzt über seinen Anblick: »Ich schauderte vor Entsetzen und fragte mich, ob ein ganzes Volk dafür, daß es vor 1800 Jahren einen einzigen Menschen getötet hatte, eine so barbarische Behandlung und so endlose Vorurteile verdient habe . . . Ich kann ohne Übertreibung sagen, daß ich in meinem Leben nicht so erbittert gegen das Christentum gewesen bin als seit dem Besuch im Ghetto. Ich hörte nicht auf, mich in Spöttereien und Lästerungen über den Katholizismus zu ergehen.«

Am 8. Januar 1842 redete ihn ganz unerwartet im römischen Corso ein einstiger Schulkamerad, der protestantische Baron Gustav de Bussierre an. Durch dieses zufällige Zusammentreffen kam es dann zur nicht geplant gewesenen Verlängerung des Romaufenthalts. Der ehemalige Schulkamerad lud ihn in seine Wohnung ein. Dabei lernte er dann auch dessen Bruder, den 1802 in Straßburg geborenen Baron Theodor de Bussierre kennen, der 1837 aus dem Protestantismus zum Katholizismus konvertiert hatte und ein bedeutender Erforscher des katholischen Elsaß wurde. Es kam auch mit diesem zu einem Treffen in dessen Wohnung und dabei dann zu einem höchst eigenartigem Gespräch, das Alphons Ratisbonne selber so geschildert hat: »Ich betrachtete Baron Theodor de Bussierre als einen Frömmler im schlimmen Sinn und war froh, ihn im Gespräch wegen der Lage der römischen Juden verhöhnen zu können. Das war für mich wie eine Erleichterung. Aber mein Angriff auf die katholische Kirche lenkte nun unser Gespräch auf das religiöse Gebiet. Der Baron sprach nun von der Erhabenheit der katholischen Kirche, während ich darauf nur mit ironischen Bemerkungen und Anschuldigungen gegen die Kirche reagierte, wie ich solche von den Gegnern des christlichen Glaubens gehört oder in ihren Schriften gelesen hatte. In der Hitze des Gefechtes suchte ich zuletzt meine gottlose Hetze aus Achtung vor der anwesenden Frau de Bussierre und den zwei kleinen Kindern, die neben uns spielten, zu mäßigen. Da setzte nun der Baron ein und meinte: ›Da Sie den angeblichen christlichen Aberglauben so sehr verabscheuen und sich zu ganz freisinnigen Ansichten bekennen mit ihrem aufgeklärtem Geist, so erlaube ich mir die Frage: Würden Sie vielleicht den Mut aufbringen, um sich einer recht harmlosen, unschuldigen Probe zu unterziehen?‹ ›Welcher Probe?‹ So fragte ich. Und der Baron darauf: ›Sie sollten nur einen Gegenstand bei sich tragen, den ich Ihnen geben würde! Hier ist er: eine Medaille der seligsten Jungfrau Maria. Das erscheint Ihnen sicher lächerlich, nicht wahr? Aber ich lege großen Wert auf diese Medaille.‹ Meine Antwort darauf lautete: ›Der Vorschlag – ich gestehe es – befremdet mich, weil er sonderbar und kindisch ist!‹ Auf diesen Ausgang unseres Gesprächs war ich in keiner Weise vorbereitet und meine erste Reaktion war dann noch Achselzucken und Lachen. Aber es überkam mich dabei der Gedanke, diese Angelegenheit könnte ein köstliches Kapitel für meine Reiseschilderung abgeben. So willigte ich spaßhalber ein, die Medaille als Beweisstück für den katholischen Aberglauben anzunehmen; ich würde sie meiner Braut überbringen. Gesagt, getan! Baron de Bussierre hängte mir die Medaille um den Hals, und zwar nicht ohne Mühe, denn der Knoten war zu kurz und das Band paßte nicht. Durch anhaltendes Ziehen bekam ich schließlich die Medaille auf meine Brust und rief dann lachend aus: ›So, nun bin ich also apostolischer und römischer Katholik!‹ Es war der böse Geist, der durch meinen Mund so prophezeite. Baron de Bussierre triumphierte jetzt kindlich wegen des errungenen bescheidenen Sieges und wollte daraus weitere Vorteile ziehen. Er sagte: ›Nun müssen wir die Probe aber noch vervollständigen! Es gilt nämlich noch, morgens und abends das sogenannte ›Memorare‹ (›Gedenke, o mildreichste Jungfrau . . .‹) herzusagen, ein kurzes, aber sehr wirksames Gebet, das der hl. Bernhard von Clairvaux an die seligste Jungfrau Maria gerichtet hat.‹ ›Was wollen Sie denn mit Ihrem ›Memorare‹?, rief ich aus, ›lassen wir doch diese Dummheiten!‹ Im selben Augenblick fühlte ich, wie meine ganze Erbitterung gegen den katholischen Glauben in mir wieder hochkam, zumal mich der Name des hl. Bernhard wieder an meinen verhaßten Bruder Theodor erinnerte, der die Lebensgeschichte dieses Heiligen niedergeschrieben hatte . . . Ich bat den Baron, es bei dem Bisherigen bewenden zu lassen. Aber mein Gesprächspartner beharrte darauf und meinte, daß dann, wenn ich mich weigern würde, dieses kurze Gebet herzusagen, ich die Probe vereiteln und den Beweis für die freiwillige Verstocktheit liefern würde, die man den Juden vorwerfe. Ich wollte der Sache nicht zu viel Gewicht beimessen und sagte schließlich: ›Nun gut, ich verspreche Ihnen auch noch, dieses Gebet herzusagen; wenn es nichts nützt, so wird es wenigstens nichts schaden.‹ Baron de Bussierre holte nun den Gebetszettel und ersuchte mich, ihn daheim abzuschreiben. Ich sagte es zu. Wir trennten uns dann. Den Abend dieses Tages verbrachte ich im Theater. Dabei vergaß ich die Medaille und das ›Memorare‹. Dieses Gebet aber tauchte an den folgenden Tagen in meiner Erinnerung immer wieder auf; während des Gehens wiederholte ich ohne Aufhören die Worte des ›Memorare‹. Woher kam das nur, o Gott, daß jene Worte sich so lebendig und stark meinem Geist eingeprägt hatten? Ich konnte mich ihrer nicht mehr erwehren. Immer wieder kamen sie mir in den Sinn, ständig wiederholte ich sie, so ähnlich wie es einem mit Arien ergeht, die einen verfolgen und quälen und die man gegen seinen Willen immer wieder vor sich hinsummt.«

Am letzten Tag seines verlängerten Romaufenthalts vor der geplanten Rückfahrt nach Neapel – es war der unvergeßliche 20. Januar 1842 – machte Alphons Ratisbonne nochmals bei Baron Theodor de Bussierre einen Besuch und mit ihm dann noch einen Gang durch die Straßen Roms. Der Baron wollte im Kloster des Minimitenordens bei der Kirche Sant'Andrea delle fratte wegen eines Todesfalls für die Familie La Ferronays reservierte Plätze bei dem in dieser Kirche stattfindenden Trauergottesdienst erbitten. Er bat Alphons Ratisbonne, inzwischen in der Kirche auf ihn zu warten. Da geschah nun an diesem das Wunderbare, das er selbst dann ausführlich bei einer »Enquette« auf dem römischen Vikariat geschildert und in mehreren Briefen beschrieben hat. Hier aber sei festgehalten, was Baron Theodor de Bussierre erlebt hat: »Als ich in die Kirche zurückkam, sah ich einen Augenblick lang nichts von Ratisbonne, dann erblickte ich ihn auf den Knien liegend in der dem heiligen Schutzengel geweihten Seitenkapelle. Ich trat zu ihm hin und stieß ihn drei- oder viermal leise an, bevor er meine Gegenwart bemerkte . . . Ich richtete ihn in die Höhe und zog ihn aus der Kirche hinaus. Dann fragte ich ihn, was denn geschehen sei, und wohin er zu gehen wünsche. ›Fahren Sie mich hin, wohin Sie wollen‹, rief er aus, ›nach dem, was ich gesehen habe, gehorche ich.‹ Ich drang in ihn, mir doch zu sagen, was er damit meine, aber er vermochte es nicht, denn seine Aufregung war noch zu stark und zu tief. Er zog die ›wundertätige Medaille‹ hervor und bedeckte sie mit Küssen und Tränen. Ich brachte ihn dann auf sein Zimmer. Trotz meiner wiederholten Fragen konnte ich auch dort nichts als ein paar Ausrufungen aus ihm herausbekommen, die von tiefen Seufzern unterbrochen waren. ›O wie groß ist mein Glück! Wie gut ist der Herr! Welch eine Fülle von Gnade und Seligkeit! Wie bedauernswert ist das Los derer, die Ihn nicht kennen!‹ Beim Gedanken an die Ketzer und Irrgläubigen brach er dann wieder in Tränen aus. Zuletzt fragte er mich, ob ich ihn nicht für wahnsinnig halte. ›Doch nein‹, rief er aus, ›ich bin bei vollem Verstand, ich bin nicht von Sinnen!‹ Allmählich beruhigte sich die wilde Bewegung; dann legte Ratisbonne seine Arme um mich und umschlang mich. Sein Gesicht war leuchtend, ich möchte fast sagen: verklärt; er bat mich dann, ihn zu einem Beichtvater zu führen; er verlangte zu wissen, wann er die heilige Taufe empfangen könne, denn nun halte er es nicht mehr aus, ohne sie zu leben. Er sagte noch, daß er mir keine weitere Erklärung geben könne, bis er die Erlaubnis dazu von einem Priester erhalten habe. ›Denn was ich zu sagen habe, ist von solcher Art, daß ich es nur auf den Knien liegend sagen kann.‹ Ich führte ihn sogleich in die Jesuitenresidenz bei der Kirche Gesù zu P. Philippe de Villefort SJ, der ihn ersuchte, sich auszusprechen. Ratisbonne nahm seine Medaille hervor, zeigte sie uns und rief: ›Ich habe sie gesehen, ich habe sie gesehen!‹ Dabei war er von seinen Gefühlen wieder ganz hingerissen. Bald darauf aber ruhiger geworden, konnte er sich aussprechen: ›Ich war seit einem Augenblick in der Kirche (Sant'Andrea delle fratte), so sagte er, als ich mich auf einmal von einer unaussprechlichen Unruhe ergriffen fühlte. Ich erhob meine Augen. Da war plötzlich das ganze Kirchengebäude vor meinen Blicken verschwunden; eine einzige Kapelle vereinte gleichsam alles Licht in sich; und inmitten dieses Lichtglanzes erschien vor mir auf dem Altar groß, leuchtend, voll Majestät und Süßigkeit die Jungfrau Maria, so wie sie auf der Medaille dargestellt ist; eine unwiderstehliche Gewalt trieb mich nun zu ihr hin. Die Jungfrau machte mir ein Zeichen mit der Hand, ich solle niederknien; sie schien mir dann zu sagen: So ist es gut. Sie hat weiter nicht mit mir gesprochen, ich habe aber alles verstanden . . .‹

Nachdem wir P. Villefort wieder verlassen hatten, begaben wir uns, um Gott unseren Dank darzubringen, zuerst nach S. Maria Maggiore, der Hauptkirche der seligsten Jungfrau Maria, und dann nach St. Peter. Es wäre unmöglich, die Gemütsbewegungen zu beschreiben, die er in diesen Kirchen empfand. Er drückte mir warm die Hand und sagte: ›Jetzt begreife ich die Liebe, mit der sie dieselbe schmücken ... Wie gut ist es hier doch zu sein, man möchte niemals mehr fortgehen ... Es ist nicht die Erde , es ist der Vorhof des Himmels!‹ Beim Sakramentsaltar überwältigte ihn dann der Gedanke an die wahre, reale Gegenwart Jesu im heiligsten Sakrament in solchem Maß, daß er knapp daran war ohnmächtig zu werden. Ich mußte ihn wegführen, so schrecklich erschien es ihm, noch im Zustand der Erbsünde in der Gegenwart des lebendigen Gottmenschen zu weilen. Er beeilte sich, in die Kapelle der seligsten Jungfrau zu kommen und sagte dann zu mir: ›Hier habe ich keine Furcht, ich fühle mich hier unter dem Schutz einer unbegrenzten Gnade!‹ Ich fragte ihn wieder und wieder über die näheren Umstände seiner ihm zuteil gewordenen wunderbaren Erscheinung ... Alles, was er wußte, bestand darin, daß er sich in der Kirche vor der Schutzengelkapelle plötzlich auf den Knien liegend befunden habe! Im ersten Augenblick habe er dann die Himmelskönigin in allem Glanz ihrer unbefleckten Schönheit gewahren können; doch er habe den Glanz dieses himmlischen Lichtes nicht ertragen können. Noch dreimal habe er versucht, die Mutter der Barmherzigkeit anzublicken, dreimal habe er vergebens versucht, seine Augen höher zu erheben als bis zu ihren heiligen Händen, von denen in leuchtenden Strahlen ein Strom von Gnaden floß. ›O mein Gott‹ – so rief er aus – ›ich, der ich noch vor einer halben Stunde gelästert hatte, ich, der ich einen so tödlichen Haß gegen die katholische Kirche gehegt hatte! Alle, die mich kennen, wissen, daß ich – menschlich gesprochen – die zwingendsten Gründe hätte, Jude zu bleiben, denn meine Familie ist jüdisch, meine Braut ist Jüdin, mein Onkel (dessen Bank ich erben sollte) ist Jude ... Wenn ich nun Katholik werde, opfere ich alle meine bisherigen Interessen und Zukunftshoffnungen, die ich auf Erden habe, und dennoch muß ich den großen Schritt tun ...‹«

Die Kunde von dem wunderbaren Ereignis verbreitete sich mit unglaublicher Schnelligkeit in allen Kreisen Roms und wurde überall mit größter Anteilnahme, ja mit Begeisterung aufgenommen. Diese Kunde gelangte aber auch sehr bald nach Paris zu P. Theodor

Ratisbonne und nach Straßburg, wo sie gleichfalls tiefen Eindruck machte, in Paris im positiven, in Straßburg begreiflicherweise im negativen Sinn.

In Anbetracht der wunderbaren Umwandlung, die mit Alphons Ratisbonne vor sich gegangen war, hielt sich der Jesuit P. Villefort für berechtigt, von der Regel, die sonst einen längeren Katechumenen-Unterricht bei einem Erwachsenen erfordert, abzusehen und dem heißen Wunsch des Taufbewerbers nach der heiligen Taufe schon nach Verlauf von nur zehn Tagen zu entsprechen, was auch im römischen Vikariat (Ordinariat) genehmigt wurde. Der berühmte Kardinal Giuseppe Mezzofanti, das staunenswerteste Sprachengenie, das im vorigen Jahrhundert lebte – er war im römischen Vikariat mit der Prüfung der erwachsenen Taufbewerber beauftragt – war erstaunt über die Fülle des Lichtes, das in die Seele des gläubig gewordenen Juden eingegossen worden war.

Die Taufe mit der anschließenden Firmung und Erstkommunion fand in der Kirche Gesù am 31. Januar 1842 statt, unter Anteilnahme von überaus vielen andächtigen, aber auch neugierigen Menschen. Abbé Felix Dupanloup, damals berühmter geistlicher Rhetorikprofessor an der Sorbonne in Paris, später Bischof von Orleans, hielt bei dieser Tauffeier die Ansprache; sie war, wie man ihrem festgehaltenen Wortlaut entnehmen kann, begreiflicherweise ein »Lobgesang zum Preis der Barmherzigkeit Gottes und auf die mütterliche Liebe der seligsten, unbefleckt empfangenen Gottesmutter, der großen Fürsprecherin« und Vermittlerin aller Gnaden. Alphons Ratisbonne bat, auf den Namen Maria getauft zu werden und nannte sich fortan fast immer nur mit diesem Namen, während er in die Geschichte als Alphons Maria (oder französisch: als Marie-Alphons) eingegangen ist.

Der gegen die katholische Kirche einst haßerfüllte Jude war nun wie sein Bruder Theodor ein bis zu seinem Lebensende unerschütterlich treuer Sohn der katholischen Kirche. Er brach mit seinen früheren Plänen, auch mit der geplanten Vermählung mit seiner Nichte Flora Ratisbonne. Er teilte ihr mit, daß er wegen seiner Bekehrung zum katholischen Glauben nicht mehr zu seinem gegebenen Versprechen stehen könne. In einem Antwortbrief vom 14. Februar 1842 schrieb ihm Flora Ratisbonne zurück, sie sei bitter enttäuscht und sehr schmerzlich berührt, hoffe aber, daß er, Onkel Alphons, seinen törichten Schritt bald bereuen und rückgängig machen werde. Er aber schrieb ihr am 6. März 1842, sein Schritt sei endgültig, zumal er auch noch katholischer Priester werden wolle wie sein Bruder Theodor, aber er werde sie wie ein Bruder weiter lieben und viel für sie beten.

Nach den großen römischen Erlebnissen fuhr Alphons Maria Ratisbonne für einige Zeit nach Juilly bei Paris, um sich da in stiller Zurückgezogenheit letzte Klarheit zu verschaffen für seinen weiteren Lebensweg. Am 12. April 1842 teilte er froh dem Pfarrer Ch. Desgenettes von »Notre-Dame des Victoires« in Paris mit: »Meine Familie hat mir nun volle Freiheit zugestanden. So will ich diese meine Freiheit ganz dem Dienste Gottes weihen, ich opfere Ihm fortan mein ganzes Leben, um der Kirche und meinen jüdischen Brüdern unter dem Patronat der seligsten Jungfrau Maria zu dienen.« Am 20. Juni 1842 trat er dann in Toulouse in den Jesuitenorden ein. Am 20. Januar 1843, dem ersten Jahrestag seiner Bekehrung, schrieb er an den Jesuiten-Ordensgeneral P. Roothaan, der nach Freiwilligen für die China-Mission suchte: »Ich bin bereit, senden Sie mich!« Nach der Weisung seiner Vorgesetzten setzte er aber sein Noviziat fort und verbrachte dann in Laval das Scholastikat, um Theologie zu studieren und sich auf die heiligen Weihen vorzubereiten. Am 24. September 1848 wurde er in Laval zum Priester geweiht.

3. »Notre-Dame de Sion«, das Werk der beiden Brüder Ratisbonne:[7)]

Der bekehrte Alphons Maria Ratisbonne hatte bald nach seiner Taufe an seinen Bruder Theodor geschrieben, die seligste Jungfrau, die ihn so wunderbar zur Bekehrung geführt habe, habe ihn gleichzeitig verstehen lassen, daß diese Gnade in einem gewissen Sinn auch für das jüdische Volk bestimmt sei. Darum drängte er seinen Bruder Theodor, ein Katechumenat für jüdische Kinder zu errichten, weil er wußte, daß unter den armen Juden, die vor kurzem aus Nordafrika und Osteuropa nach Frankreich gekommen waren, so manche für ihre Kinder eine christliche Erziehung wünschten. Theodor Ratisbonne, von seinem Bruder beeinflußt, überlegte; er selbst war seit seiner Bekehrung im Jahre 1827 von den Verheißungen betroffen, die sich in der Hl. Schrift auf die Zukunft des jüdischen Volkes beziehen und die sich vor allem im Römerbrief des hl. Paulus (Röm 11,1.15.16) finden: »Hat etwa Gott sein Volk verworfen? Keineswegs! . . . Verstockung liegt auf einem Teil Israels, bis die Heiden in voller Zahl das Heil erlangt haben; dann wird ganz Israel gerettet werden . . .« Darum wollte Theodor Ratisbonne für die Rettung der Juden etwas unternehmen. Auch durch die Gottesmutter, die Gnadenmutter vom Sieg, wurde er, der ja damals (1842) schon Direktor der »Erzbruderschaft Unserer Lieben Frau vom Sieg für die Bekehrung der Sünder« war, immer wieder zu einem geistlichen Hilfswerk für die Juden angeregt. Eines Tages betete Theodor Ratisbonne, wie er selbst in seinen »Erinnerungen« festgehalten hat, so zu Maria: »Vielgeliebte Mutter, ich will alles tun, was du mir sagst. Wenn dies nun das delikate Werk sein sollte, das du meinem Bruder Alphons inspiriert hast und zu dem er mich bewegen will, so laß mich das durch ein Zeichen wissen. Schick' mir nur ein einziges jüdisches Kind, und ich weiß dann: Das ist das Zeichen, daß es so der Wille Gottes ist!« So hatte er am Morgen gebetet. Und am Abend des gleichen Tages noch teilte ihm der Direktor der Lazaristen, Herr M. Aladel, in einem Brief mit, eine sterbenskranke jüdische Frau habe ihm anvertraut, sie möchte ihre Kinder christlich erziehen lassen; er frage an, ob er, Theodor Ratisbonne, sich nicht für dieses gute Werk interessieren würde. Beim Lesen dieses Briefes kam ihm sofort der Gedanke, das sei das Zeichen, das ihm die Gottesmutter auf sein Gebet hin gegeben habe. Theodor Ratisbonne ließ nun zwei Elsässerinnen, Sophie Stouhlen und Louise Weywada, deren Seelenführer er schon in Straßburg gewesen war, nach Paris kommen. Diese begannen unter seiner Leitung, sich um die christliche Erziehung jüdischer Kinder zu sorgen. So entstand im September 1843 das Katechumenat für jüdische Mädchen, das am Anfang der »Kongregation der Schwestern Unserer Lieben Frau von Sion« steht. Theodor Ratisbonne hatte dabei anfangs gar nicht an die Gründung einer Schwesternkongregation gedacht, er wollte nur eine kleine Gemeinschaft von Frauen schaffen, die nach dem Beispiel der Urgemeinde von Jerusalem ein Herz und eine Seele wären und sich dem Erziehungswerk widmen würden, das Gott ihnen anvertraute. Doch diese Frauen baten, als ihre Zahl größer geworden war, die Weihe und äußere Zeichen von Ordensschwestern zu bekommen. Schon 1846 gewährte ihnen der Gründer ihren Wunsch, weil er in ihm eine Eingebung des Hl. Geistes erkannte. Bereits 1847 erließ Papst Pius IX. das »Decretum laudis«, das Dekret der lobenden Anerkennung für diese neu entstandene Schwesternkongregation, die im Lauf der folgenden Jahre viel leistete für die geistige Wiedergeburt der Juden und am 8. September 1863 bereits die definitive Approbation durch den Heiligen Stuhl erhielt.

Durch das schöne Aufblühen der Schwesternkongregation ermutigt, beschloß Theodor Ratisbonne, für denselben Zweck auch einen männlichen Zweig dieser Kongregation zu gründen. Sein Bruder Alphons sollte ihm dabei helfen. Papst Pius IX. hieß das gut. So schied Alphons Maria Ratisbonne, der bisher segensreich im Jesuitenorden gewirkt hatte, mit Erlaubnis des Papstes und im Einverständnis seiner bisherigen Ordensoberen am 18. Dezember 1852 aus dem Jesuitenorden aus, fühlte sich aber sein weiteres Leben lang immer dankbar mit der Gesellschaft Jesu verbunden. Er arbeitete fortan an der Seite seines Bruders Theodor in Paris, drängte aber immer mehr, daß das große Werk für die Rettung der Juden von Paris aus auch in das Stammland des Judentums nach Jerusalem verpflanzt werde.

Am 12. September 1855 kam Alphons Maria Ratisbonne erstmalig ins Heilige Land. Er gründete dann unter größten Schwierigkeiten drei Häuser für die Schwestern Unserer Lieben Frau von Sion und für ihre Waisenkinder. Man muß sich diese Schwierigkeiten ein kleinwenig ausmalen: Der größte Teil der ehrwürdigen Denkmäler der Heilsgeschichte lag damals in Palästina in Trümmern, die Straßen Jerusalems waren weithin verödet und verlassen, das Land war unter türkischer Herrschaft total verarmt, die Bevölkerung, sowohl die jüdische als auch die arabische, war meist bettelarm und ungebildet; die Beziehungen zu den zivilen Autoritäten waren für einen Christen äußerst schwierig und kompliziert, denn alle Erlaubnisse mußten in Konstantinopel eingeholt werden. An kirchlichen Einrichtungen gab es damals in Jerusalem nur ein paar Häuser der Franziskaner an bestimmten heiligen Stätten des Lebens Jesu; die einzige Schwesternkongregation, die in Jerusalem anwesend war und dort wirkte, war erst 1848 dorthin gekommen; es waren die St. Josephs-Schwestern.

Mit Hilfe des Lateinischen Patriarchen Giuseppe Valerga († 1872) gelang es nun Alphons Maria Ratisbonne, in einem gemieteten Haus eine erste Niederlassung der Sions-Schwestern zu errichten.

Bald machte er sich auf die Suche nach einem passenden Grundstück für den Bau eines Klosters und eines Waisenhauses. Geheimnisvoll waren dabei die Wege der göttlichen Vorsehung, denn sie führten nach langem vergeblichem Suchen dazu, gerade die Ruinen bei der einstigen Burg Antonia beim sogenannten Ecce-Homo-Bogen am Anfang des Kreuzweges Jesu zu erwerben, also genau dort, wo einst die verhetzten Juden geschrien hatten: »Sein Blut komme über uns und unsere Kinder!« Ratisbonne selbst bekannte: »Ja, das war der Ort, der für das Werk bestimmt war, das in Jerusalem zu gründen ich mich berufen gefühlt hatte. Ich kniete an dieser Stätte nieder und gelobte dem mit Dornen gekrönten Heiland, keine Ruhe mehr kennen zu wollen, bis das Werk vollendet sei.« Er kehrte nach Europa zurück, um die große Kaufsumme von 70.000 Fr. für diesen Bauplatz zu sammeln. 17 Monate lang bettelte er in Frankreich und Belgien von Tür zu Tür, um die Summe zusammenzubringen, da er selbst bettelarm geworden war und er von seinem Onkel Louis Ratisbonne († 1855) – entgegen dem ursprünglichen Plan – nicht als Erbe des großen Vermögens eingesetzt wurde.

Am 20. Januar 1862, genau 20 Jahre nach seiner wunderbaren Bekehrung in Sant'Andrea delle fratte in Rom, konnte Alphons Maria Ratisbonne den Schwestern und ihren Waisenkindern Kloster und Waisenhaus beim Ecce-Homo-Bogen schlüsselfertig übergeben. In den Jahren 1866 bis 1867 machte sich der seeleneifrige Priester nochmals auf eine Bettelreise, diesmal vor allem nach Deutschland, um die Gelder zu sammeln für eine Ecce-Homo-Kirche neben dem Kloster der Schwestern; am 3. April 1868 wurde diese Kirche eingeweiht. Schließlich wurde 1873 noch das »Haus St.-Peter-Ratisbonne« erbaut als Ausbildungs- und Lehrwerkstätte für Buben. Auch ein Haus am Ort der Begegnung zwischen Maria und ihrer greisen Verwandten Elisabeth in Ain Karim oder St. Johann im Gebirge hatte Ratisbonne 1860 erworben und als Erholungsstätte für erkrankte Schwestern ausgebaut.

Während Theodor Ratisbonne von Paris aus für die weitere Ausbreitung der Kongregation der Schwestern Unserer Lieben Frau von Sion wirkte, durch seine Tätigkeit als Generaldirektor der »Erzbruderschaft der christlichen Mütter« und durch seinen selbstlosen, seeleneifrigen Einsatz für die Bekehrung der Sünder auch unter den Juden arbeitete und ein wahrhaft heiligmäßiges Leben führte bis zu seinem Tod am 10. Januar 1884, blieb Alphons Maria Ratisbonne in Jerusalem dort ganz seiner Aufgabe und Sendung für die Bekehrung der Juden hingegeben.

Dabei lebte er immer aus jenem Gnadenwunder, das ihm am 20. Januar 1842 in »Sant'Andrea delle fratte« in Rom zuteil geworden war. Ergreifend ist, wie er einmal in einem Brief vom 20. Januar 1869 als Ziel seines geistlichen Lebens und Strebens dies angibt: »Toute ma vie droit reproduire les phénomènes de l'ordre surnaturel: la Croix et Marie« (»Mein ganzes Leben muß die Phänomene der übernatürlichen Ordnung wiederspiegeln: das Kreuz und Maria«). Und wie er einmal in einem Brief vom 12. Dezember 1871 sein Glaubensbekenntnis in prägnanter Kürze zusammenfaßt in die Worte: »Je crois à la Résurrection, à la divine misericorde, à l'amour de Marie et à la vie éternelle.« (»Ich glaube an die Auferstehung, an die göttliche Barmherzigkeit, an die Liebe Mariens und an das ewige Leben.«) Seiner Dankbarkeit gegenüber der unbefleckt empfangenen Gottesmutter Maria gab er in seiner testamentarischen Verfügung in ergreifender Weise so Ausdruck: »Maria ist das Wort, das fortan meine ganze innere Gesinnung zum Ausdruck bringt, Maria ist der einzige Name, den ich in der Taufe empfangen habe, Maria ist darum auch der einzige Name, der auf meinem Grabstein eingraviert sein soll, Maria ist der Name für meine Danksagung in der Ewigkeit!«

Am 6. Mai 1884 wurde P. Alphons Maria Ratisbonne im irdischen Jerusalem von seiner vielgeliebten Schutzpatronin zum ewigen Lohn in das himmlische Jerusalem heimgeholt, nachdem er wenige Stunden vor seinem Tod zu den ihn umgebenden Sions-Schwestern gesagt hatte: »La Très Sainte Vierge m'appelle et j'ai besoin d'elle. Rien que Marie! Pour moi, c'est tout. Marie! Tout est là.« (»Die heiligste Jungfrau ruft mich und ich brauche sie. Nichts als Maria! Für mich ist sie alles. Maria! Alles ist hier!«).

Begraben wurde er am 8. Mai in Ain Karim. Auf seinem Grabstein steht dort tatsächlich nichts anderes, als was er testamentarisch gewünscht hatte: »Père Marie«. Gedeutet aber hat er diese zwei Wörter so: »Das erste Wort sagt, daß ich ein Sünder war, das zweite aber spricht von der Barmherzigkeit Marias gegen mich.«

[1] vgl. D. A. Rosenthal, Theodor Ratisbonne, in: Convertitenbilder aus dem neunzehnten Jahrhundert, III. Bd., 1. Abteilung (Schaffhausen 1869), S. 141 – 162.

[2] vgl. Band I der »Sources des Sion« (Generalat der Kongregation von Notre-Dame de Sion, Roma 1977): Theodor Ratisbonne, Mes Souvenirs.

[3] Theodor Ratisbonne, Histoire de sainte Bernard et de son siècle, 2 Bände, Paris 1841.

[4] vgl. D. A. Rosenthal, Alphons Maria Ratisbonne, in: Convertitenbilder aus dem neunzehnten Jahrhundert, III. Bd., 1. Abteilung, S. 94 – 236;
Sr. M. Carmelle, N. D. de Sion, L'evenement du 20 Janvier 1842 et Marie-Alphonse Ratisbonne, Rom 1977.

[5] vgl. D. A. Rosenthal, a. a. O., S. 196.

[6] vgl. D. A. Rosenthal, a. a. O., S. 197.

[7] vgl. F. Holböck, Wunder der Bekehrung (Meersburg 1984), S. 40 – 48.

4. Augustin Maria Hermann Cohen
(† 20. Januar 1871)

Hermann Cohen, der spätere berühmte Prediger aus dem Karmeliterorden P. Augustin Maria, wurde in der Hansestadt Hamburg am 10. November 1821 als Sohn des jüdischen Kaufmanns David Abraham Cohen und der Rosalia, geb. Benjamin, geboren.

Der kleine Hermann Cohen war nicht bloß überaus musikbegabt, sondern auch sehr aufnahmefähig für das Religiöse, das ihn im Gottesdienst der Synagoge unwillkürlich ansprach. In der Rückerinnerung schrieb er später: »Wenn ich den Rabbiner die Stufen des Heiligtums hinaufsteigen, den Vorhang wegziehen und die Tür zum Thora-Schrein öffnen sah, war ich in feierlicher Erwartung . . . Die Leviten zogen eine große, mit hebräischen Buchstaben übersäte, mit einer königlichen Krone geschmückte Pergamentrolle hervor. Man trug sie auf ein Pult, faltete sie auseinander und las die heiligen Schriftstellen vor . . .« Der kleine Hermann begriff nicht, was das alles zu bedeuten hatte. Niemand beantwortete ihm seine vielen Fragen. Wie um sich zu entschädigen, lud er manchmal seine kleine Schwester ein, mit ihm zu beten. Dann sangen sie Lieder und Psalmen und riefen – in Nachahmung der Großen – den Gott Israels an.[1)]

Mit zunehmendem Alter ließ Hermann die tief veranlagte religiöse Struktur seines Wesens mehr und mehr unbeachtet, unbewußt vielleicht, um die Distanz zwischen ihm, dem Juden, und seinen christlichen Mitschülern in dem von protestantischen Lehrern und Erziehern geleiteten Kollegium in Hamburg nicht allzu stark zu spüren. Denn er hatte wegen seiner Abstammung und Religion schon manchen Spott zu erleiden.

Bereits mit viereinhalb Jahren hatte er seine Eltern bestürmt, ihn wie seinen älteren Bruder Albert das Klavierspiel erlernen zu lassen, worin er bald glänzende Fortschritte machte. Bereits mit zwölf Jahren gab er ein erstes öffentliches Konzert. Der Erfolg war durchschlagend. Das »Wunderkind« wurde bald von einer Adelsfamilie zur anderen weitergereicht und mit Schmeicheleien überhäuft, die seine Eitelkeit und seinen Ehrgeiz immer mehr entflammten. Die Mutter war auf ihren Liebling stolz und vergaß bei seiner Erziehung auf alle gesunden Grundsätze, was sich dann charakterlich am jungen Hermann Cohen sehr negativ auswirkte.

Als der reiche Kaufmann David Abraham Cohen durch harte Schicksalsschläge verarmte, verließ ihn seine Gemahlin und ging mit ihren Kindern nach Paris. Am 5. Juli 1834 dort angekommen, konnte Hermann Cohen unter der Leitung des berühmten Pianisten und Komponisten Franz Liszt († 1886) seine musikalische Fertigkeit ganz stark vervollkommnen. Bald wurde das »Wunderkind« der Liebling der Pariser Salons.

Durch Franz Liszt kam Hermann Cohen in Verbindung mit anderen berühmten Personen, u. a. auch mit der Schriftstellerin Dudevant, bekannter unter dem Namen George Sand († 1876), die im Sinn heutiger emanzipierter Frauen ihr unleugbar großes Talent dazu benützte, um in ihren Romanen allen Grundsätzen der Sittlichkeit und des christlichen Glaubens den Krieg zu erklären.

Hermann Cohen verschlang die Romane dieser Frau. Das Gift, das er aus ihnen in sich aufnahm, verfehlte nicht seine Wirkung. »Die Nattern unreiner Begierden erhoben sich über meinem Haupte.« So gestand er später.

Durch seine Konzerte und durch Erteilung von Musikunterricht verdiente Hermann Cohen viel Geld und erlangte so die Mittel, um allen Launen und Begierden in Paris, mehrere Monate lang in Genf (1834/35) und dann wieder in Paris nachgeben zu können. Hermann Cohen geriet zuletzt in Paris in einen Kreis von Künstlern, die ihn zu jeglicher Ausschweifung verleiteten. Es erfaßte ihn überdies noch die Spielsucht. Ganze Nächte verbrachte er in den Spielhöhlen von Paris. Dazu kamen unruhevolle Reisen nach Hamburg, nach England, nach Italien und immer wieder zurück nach Paris.

Wie es damals in seinem Inneren aussah, hat er später selbst in einem Brief an den wunderbar bekehrten Juden P. Alphons Maria Ratisbonne in folgender Weise berichtet: »Nachdem ich ganz Deutschland durchzogen und das Geld, das ich gewonnen, ebenso schnell wieder verschwendet hatte, kehrte ich nach Paris zurück und nahm bald wieder eine glänzende Stellung ein. Alles gelang mir mit unglaublichem Erfolg und ich wurde der Liebling und das Schoßkind des Publikums. Was das Glück Reizendes und die Welt Verführerisches an sich hat, bemächtigte sich meines Geistes; so lebte ich in den Tag hinein. So viel Schönes und Bewundernswertes eine solche Lebensweise in den Augen vieler haben mag, mich befriedigte sie nicht. Ich fühlte vielmehr eine ständige Unruhe. An einem Freitag im Monat Mai des Jahres 1847 ließ mich der Fürst Ney von Moskowa bitten, für ihn die Leitung eines Chores von

Dilettanten in der Pariser Kirche Saint' Valére bei einem katholischen Gottesdienst zu übernehmen. Ich tat es. Im Augenblick, als der Segen gegeben wurde, fühlte ich zum ersten Mal eine sehr lebhafte, aber unbeschreibliche Erregung in meiner Seele. Am darauffolgenden Freitag hatte ich bei dem gleichen Anlaß dieselbe Empfindung, nur noch viel stärker, und ich fühlte, wie eine schwere Last meinen ganzen Körper niederdrückte und mich nötigte, mich zu verneigen und mich gegen meinen Willen zur Erde zu beugen.«[2)]

Die Unruhe, die sich von da an mit bisher nie empfundener Gewalt seiner bemächtigte, trieb ihn an, seinen Widerwillen zu überwinden und den Beschluß zu fassen, sich über seinen seelischen Zustand mit einem katholischen Priester auszusprechen. Gleichwohl konnte er sich damals noch nicht seiner bisher gewohnten Lebensweise entziehen; lärmende Vergnügungen, Feste aller Art, die Kontakte mit George Sand und mit Franz Liszt in den zusammen mit diesem veranstalteten Konzerten übten noch immer ihren verderblichen Einfluß auf ihn aus.

Da endlich wandte er sich an den Priester Abbé Legrand. Diesem teilte er mit, was sich mit ihm zugetragen hatte. Am Ende der Aussprache gab ihm der Priester ein Lehrbuch der katholischen Religion, die »Darlegungen der christlichen Lehre« von Lhomond.

Durch die Lektüre dieses Buches kam Hermann Cohen auf den Gedanken, sonntags der hl. Messe beizuwohnen. Er führte diesen Vorsatz aus, auch am Sonntag, 8. August 1847, an dem er wegen eines Konzerts nach Ems in Deutschland reisen mußte.

Was da nun passierte, berichtete er wieder P. Alphons Maria Ratisbonne in folgender Weise: »Ich begab mich zur Messe. Da fesselten wie bisher schon immer die Zeremonien des Meßopfers meine Aufmerksamkeit. Nach und nach fing durch die Gesänge und Gebete des hl. Meßopfers die mir zwar unsichtbare, aber doch von mir gefühlte Gegenwart einer übermenschlichen Macht an, mich in eine Aufregung und Verwirrung und heilige Furcht zu versetzen. Mit einem Wort, es gefiel der göttlichen Gnade, sich mit aller Gewalt über mich zu ergießen. Bei der Erhebung der heiligen Hostie fühlte ich auf einmal, wie aus meinen Augen eine Flut von Tränen auszubrechen begann, die dann in wohltuender Fülle unaufhörlich über meine Wangen rannen. O glückseliger Augenblick, o Augenblick, ewig denkwürdig für meine Seele! Du hast noch nicht aufgehört, meinem Geist gegenwärtig zu sein mit all den himmlischen Empfindungen, die mir von oben geschenkt wurden!

Sogar jetzt noch rufe ich den allmächtigen und barmherzigen Gott inbrünstig an, er möge mir verleihen, daß die süße Erinnerung an die Schönheit dieses Augenblicks ewig meinem Herzen eingegraben bleibe mit den unauslöschlichen Malen eines Glaubens, der all den Gnadenerweisen und Wohltaten entspricht, mit denen Gott mich zu überhäufen sich herabgelassen hat. Ohne Zweifel fühlte ich damals, was der hl. Augustinus im Garten von Cassiacum in jenem Augenblick gefühlt haben muß, als er jenes denkwürdige ›Tolle! Lege!‹ (Nimm und lies!) vernahm, und was Sie, mein teurer Pater, in der Kirche Sant'Andrea delle fratte in Rom an jenem 20. Januar 1842 gefühlt haben müssen, als die seligste Jungfrau sich herabließ, Ihnen zu erscheinen. Ich erinnere mich, in meiner Kindheit zwar geweint zu haben, aber nie, gar nie waren mir solche Tränen bekannt. Während sie strömten, fühlte ich die schneidendsten Gewissensbisse über mein ganzes vergangenes Leben, und plötzlich, ganz von selbst, wie unter einem inneren Schauer, fing ich an, innerlich mit aller Geschwindigkeit, Gott eine Beichte abzulegen über all die ungeheuren Fehltritte, die ich seit den Jahren meiner Jugend begangen hatte. Ich sah sie wie in einem aufgeschlagenen Buch zu tausenden, wie sie abscheulich einander gedrängt folgten und den ganzen Zorn des ewigen Richters verdienten. Doch bald folgte darauf eine von mir bisher noch nie empfundene Beruhigung meiner Seele in der Überzeugung, daß der barmherzige Gott mir verzeihe, daß er seinen Blick von meinen Vergehen abwenden werde, daß er wegen meiner aufrichtigen Zerknirschung und wegen meiner mit bitterem Schmerz verbundenen heftigen Reue mit mir Mitleid haben werde. Ja, ich fühlte, daß Gott mir Gnade erwiesen und als Sühne jenen festen Entschluß angenommen habe, ihn fortan über alles zu lieben und mich in Zukunft ganz zu ihm zu bekehren. Beim Verlassen jener Kirche in Ems war ich eigentlich schon Christ, . . . ein solcher Christ, wie man es sein kann, wenn man die heilige Taufe noch nicht empfangen hat . . .«[3)]

Hermann Cohen kehrte nun, von der Gnade Gottes ganz durchdrungen, nach Paris zurück. »Eine hochgestellte, fromme Dame – so schreibt er in einem anderen Brief – gewahrte mein inneres Glück und ermahnte mich, nachdem sie vom Geschehen gehört hatte, all die kostbaren Gnaden, die sich über mich ergossen haben, der Vermittlung der seligsten Jungfrau zuzuschreiben und ihr eine ganz besondere Verehrung zu schenken . . . Seit dieser Zeit danke ich alle Schritte, die ich auf dem Weg Christi so glücklich getan habe, unserer gemeinsamen Mutter, dieser guten und heiligen Jungfrau, der Zuflucht der Sünder, die ich alle Tage inbrünstig und vertrauensvoll anrufe.«

Noch im selben Jahr 1847, am 28. August, dem Fest des hl. Augustinus, empfing Hermann Cohen die von ihm sehnlichst gewünschte hl. Taufe in der Kapelle Unserer Lieben Frau von Sion in Paris, deren Vorsteher Theodor Maria Ratisbonne, der Bruder von Alphons Maria Ratisbonne, war.

In einem Brief an Alphons Maria Ratisbonne hat Hermann Cohen die Augenblicke seiner Taufe beschrieben. Als der Taufpriester in der Form von drei Kreuzzeichen das Taufwasser über seine Stirne goß im Namen des Vaters und des Sohnes und des Hl. Geistes und unter Anrufung der seligsten Jungfrau, des heiligen Augustinus und des hl. Heinrich, da sprang Hermann Cohen auf einmal, wie von einem elektrischen Schlag getroffen, auf; er geriet in den Zustand der Verzückung und schaute nun den unendlichen Raum, das unermeßliche Licht, die Schar der Kerubim und Engel, alle Heiligen und auf seinem Thron in ewiger Jugend strahlend unseren Herrn Jesus Christus, seine jungfräuliche Mutter zu seiner Rechten.

Wörtlich schreibt Hermann Cohen in seinem Brief an Alphons Maria Ratisbonne: »Mein teurer Pater, wie wage ich es nur, Ihnen das schildern zu wollen, was ich damals gesehen habe! Wahrlich, ich sollte das Papier zerreißen, auf dem ich Ihnen schreibe, denn es enthält auch nicht annähernd ein Bild von dem, was mir wirklich erschien! Ich habe das Paradies der streitenden Kirche gesehen. Es war keine bloße Vision, es war ein wirkliches Sehen, ja, Sehen! Gott ließ durch eine Gnade, für die ich keine Bezeichnung habe, zu, daß ich elender Erdenwurm einen Augenblick lang begriff oder sah, was ich mir kaum wieder ins Gedächtnis zurückzurufen wage. Aber bei Ihrer aszetischen Bildung werden Sie mit Ihrer Einbildungskraft ergänzen können, was ich jetzt so schlecht ausgedrückt habe . . . Ich fühle seit damals in mir einen süßen Frieden; mein Geist ist ganz ruhig; ich bin wie ein Kind auf dem Schoß seiner Mutter. Ich will nichts mehr und fürchte nichts mehr, ich lasse mich lenken, wie man will. Ich kümmere mich auch darüber nicht, was andere von mir glauben werden. Ich verrichte jetzt alle meine Aufgaben so gut, wie ich nur kann, ganz unbefangen und froh, und sehe dabei ganz vom Erfolg ab. Ich richte mich selbst jetzt nicht mehr, fürchte aber auch nicht mehr, gerichtet zu werden. Es gibt keine eitle Beunruhigung mehr in mir.«[4)]

In einem anderen Brief schrieb Hermann Cohen: »Seit meiner Taufe bin ich vom Herrn täglich mit vielen Süßigkeiten, Tröstungen und himmlischen Gnadenerweisen überhäuft worden. Ich befinde mich oft wie in einem Strom geistlicher Freude . . .«[5)] Seine Briefe überschrieb er fortan mit dem gewählten Wahlspruch »Alles für Jesus!« und es war ihm ganz ernst damit.

Am 8. September, am Fest Mariae Geburt, im Jahre 1847, empfing Hermann Cohen die erste hl. Kommunion und zugleich das Skapulier, am 2. Dezember 1847 wurde er vom Pariser Erzbischof gefirmt.

Zu Ehren des Altarssakramentes gründete er mit fünfzehn Männern, die ebenso wie er, »der Bekehrte der Eucharistie«, von dankbarer Liebe zum eucharistischen Heiland erfüllt waren, am 6. Dezember 1848 die »Gemeinschaft von der nächtlichen Anbetung des hl. Altarssakramentes« in der Kirche Unserer Lieben Frau vom Sieg zu Paris. Er verfaßte auch Gesänge zu Ehren der hl. Eucharistie; im Vorwort zu diesen Gesängen schrieb er: »O angebeteter Jesus, laß meine Lieder mit den Hymnen vereint werden, die Dir in Paris gesungen werden! Denn in dieser Stadt hast Du, verborgen unter dem Schleier der hl. Eucharistie, mir die ewigen Wahrheiten enthüllt. Das erste Geheimnis, das Du mir geoffenbart hast, war Deine wirkliche Gegenwart im Heiligsten Sakrament. Habe ich nicht, als ich noch Jude war, mich dem heiligen Tisch nahen wollen, um Dich in mein Herz, das außer sich war, aufzunehmen? Habe ich nicht deshalb so laut um die Taufe gebeten, um mich mit Dir zu vereinen? Voll Unruhe und Sehnsucht nach diesem schönsten Tag meines Lebens weinte ich aus Eifersucht, wenn ich andere die hl. Kommunion empfangen sah, und verschlang mit meinen Augen die heilige Hostie, in der Deine Liebe zu uns Menschen Dich, den unendlichen Gott festhält! . . . Was Du getan hast, um mich zu trösten, da ich unter solchen Schmerzen noch warten mußte, das darf ich hier nicht sagen. ›Mein Geheimnis gehört mir!‹ Endlich wurde ich dann zu diesem himmlischen Mahl zugelassen und schöpfte daraus eine Kraft, wie ich eine solche mir selbst gegenüber noch nicht kannte. Dieses göttliche Fleisch bildete mich in einen neuen Menschen um; dieses Wundermittel schützte mich gegen die Angriffe einer verführerischen Welt; dieser Schatz zog mich von all dem weg, was mich früher an sich gefesselt hielt. Ein immer brennenderer Durst trieb mich zu dieser Quelle lebendigen Wassers, und einem hungernden Bettler gleich fühlte ich ein glühendes Verlangen nach dieser Nahrung der Auserwählten. Um Dich nach Wunsch zu betrachten, entschwanden mir die Stunden des Tages zu schnell; ich sammelte Gläubige um mich, die vom gleichen Feuer brannten, und wir gingen hin, die Nächte in Deinen Kirchen zu verbringen. Ein heiliger Priester führte uns dabei an; am Abend setzte seine Hand Dich auf den Altar – und die Morgenröte fand uns noch hingesunken auf den Knien vor Deinem Glanze. Unbeschreibliche Nächte! Meine Zunge soll mir am Gaumen kleben bleiben und meine Hand soll verdorren, wenn ich je euer vergessen würde! In diesen himmlischen Nächten hast Du mich, o mein Jesus, mit so unwiderstehlicher Gewalt, mit so süßem, zärtlichem und liebenswürdigem Zauber an Dich gezogen, so daß der letzte Faden zwischen mir und der Welt zerriß, und ich mich beeilte, um mich – fern von der Hast und Unruhe der Stadt – in Deine Arme zu werfen, um ganz und ungeteilt für immer für Dich zu leben.«[6)]

Noch vor seiner Taufe im Jahre 1847 hatte Hermann Cohen den Entschluß gefaßt, sich im Priesterberuf Gott zur Verfügung zu stellen. In jenen Nächten aber, die er vor dem Allerheiligsten in Anbetung verbrachte, wurde ihm zusätzlich die Berufung zum Ordensstand klar. Es zog ihn schließlich unwiderstehlich zum reformierten Karmeliterorden.

Am 16. Juli 1849 reiste Hermann Cohen von Paris nach Agen zum Hauptkloster der Unbeschuhten Karmeliten in Frankreich und bat dort um Aufnahme. Nach entsprechender Einstimmung in Exerzitien wurde er in das Noviziat zu Broussey bei Bordeaux aufgenommen. Als es dort nach einem Monat der Vorbereitung zu seiner Einkleidung kommen sollte, erhielt er von den Ordensvorgesetzten einen negativen Bescheid, wahrscheinlich wegen seiner bisherigen Lebensweise und weil die Zeit, die seit seiner Bekehrung verstrichen war, noch zu kurz war. Da reiste Hermann Cohen kurz entschlossen nach Rom, um dort persönlich dem Ordensgeneral die Bitte um Aufnahme in den Karmeliterorden vorzutragen. Am 16. September 1849, gerade am Vorabend des Tages, an dem sich die Provinziale des Ordens zu einem Generalkapitel versammelten, kam Hermann Cohen in der Ewigen Stadt an. Er begab sich sofort zum Ordensgeneral und setzte diesem die Beweggründe seiner Bitte um Aufnahme in den Orden so überzeugend auseinander, daß er daraufhin die Erlaubnis erhielt. Er kehrte dann in aller Eile nach Broussey zurück, wo er nun am 6. Oktober 1849 als Karmeliter-Novize eingekleidet wurde. Am 7. Oktober 1850 legte er zum ersten Mal die zeitliche Profeß ab. Es folgte ein Jahr intensivsten Theologie-Studiums. Am Karsamstag des Jahres 1851 empfing er die Priesterweihe und vertauschte nun für immer den Namen Hermann mit dem Namen »Augustin Maria vom allerheiligsten Sakrament«. Am Ostersonntag 1851 feierte er seine Primiz und schon begann er als Apostel der hl. Eucharistie zu wirken, er predigte über den Segen der häufigen hl. Kommunion.

Fortan wirkte er – vor allem im Süden und Westen Frankreichs – als wortgewaltiger Prediger, dem mit der Gnadenhilfe Gottes viele Bekehrungen gelangen. Vor allem, wenn er jüdische Stammesgenossen zur Bekehrung bringen und zur Taufe führen konnte, schlug ihm das Herz jedesmal höher. Seine eigene Bekehrung hatte in ganz Frankreich, ja weit über seine Grenzen hinaus Aufsehen erregt. Nun fanden durch seine ergreifenden Predigten andere Juden ebenfalls den Messias Jesus Christus. So konnte er in Toulon einen 36jährigen Juden taufen. In Lyon bestärkte er die Zwillingsbrüder Joseph und Augustin Lehmann in ihrem Entschluß, Christen zu werden; beide wurden später sogar ausgezeichnete Priester. Den bekehrten jüdischen Maler Bernhard Maria Bauer (* 1829 in Budapest) begeisterte er für den Eintritt in den Orden der Unbeschuhten Karmeliten.

Auch in der eigenen Verwandtschaft gelangen P. Augustin Maria Cohen Bekehrungen. So konnte er seine leibliche Schwester, Frau A. Raunhein, geborene Cohen, und deren Sohn Georg zur Taufe führen, ebenso seinen Bruder Albert Cohen. Daß er den formellen Übertritt zum katholischen Glauben bei seiner jüdischen Mutter nicht mehr erreichte, die am 3. Dezember 1855 starb, schmerzte ihn sehr. Er schrieb damals an einen Freund: »Meine arme Mutter ist tot und ich verbleibe in Ungewißheit. Allein es ist so viel gebetet worden, daß man hoffen kann, es sei in ihren letzten Augenblicken zwischen Gott und ihrer Seele etwas vorgegangen, das uns nicht bekannt ist.«[7] Dem heiligen Pfarrer von Ars, Johannes Maria Vianney, mit dem er freundschaftlich verbunden war, vertraute P. Augustin bei einer Begegnung seine Sorge um das ewige Los seiner Mutter an. Dieser tröstete ihn mit den Worten: »Hoffen Sie, hoffen Sie! An einem Tag der Unbefleckten Empfängnis werden Sie einen Brief erhalten, der Ihnen zum großen Trost gereichen wird.«[8] Sechs Jahre später erhielt er diesen angekündigten Brief, in welchem ihm ein Jesuit Mitteilung machte über den Seelenzustand seiner Mutter vor ihrem Sterben; sie sei der Konversion ganz nahe gewesen, auch wenn es formell nicht mehr dazu kam.

Die Sprache P. Augustin Cohens war schlicht und einfach und ohne große Rhetorik, aber es stand dahinter der starke, ergriffene Glaube des Predigers, der wie ein Gefäß voll überfließenden, kostbaren Inhalts war, das nichts für sich behielt, sondern alles in die Herzen der Menschen hinüberfließen ließ, vor allem eine glühende Liebe zur hl. Eucharistie. Wer einmal den beredten Worten P. Augustin Cohens über das »Geheimnis des Glaubens« gelauscht hatte, ließ sich gern hineinziehen in die innige Verehrung und Anbetung des Altarssakramentes, wie er selbst sie seit seiner Bekehrung pflegte. Was ihn auf seinen Predigtreisen nie losließ, war sein Bestreben, die nächtliche Anbetung des heiligsten Sakramentes weiter zu verbreiten.

Über seine Predigttätigkeit hinaus bekam P. Augustin Maria Cohen von seinen Ordensoberen Aufträge zur Neu- oder Wiedererrichtung von Karmel-Klöstern. Seine Predigttätigkeit aber setzte der »Bekehrte der hl. Eucharistie« schließlich auch über Frankreich hinaus fort in Italien, besonders auch in Rom, in Deutschland und auch in England, vor allem in London, in dessen Nähe durch das Bemühen von P. Augustin der Karmeliterorden erstmalig seit der Reformation wieder Fuß fassen konnte. Obwohl er als Prior des Karmeliterordens in London genug zu tun hatte, ließ er sich doch nicht daran hindern, von London aus nacheinander auch Irland, Schottland, Belgien und Deutschland zu besuchen, um dort Predigten oder Vorträge zu halten. Es war – menschlich gesprochen – unerklärlich, wie der oft kranke Ordenspriester all das zu leisten vermochte. Die Jahre von 1862 bis 1868 waren jedenfalls von rastloser Tätigkeit gekennzeichnet.

Dann durfte er nach Frankreich zurückkehren und einige Monate als Einsiedler in dem von ihm errichteten Kloster in Tarasteix neue Kräfte sammeln. Da traf ihn ein hartes Augenleiden, das fast zur Erblindung führte. Die tägliche Waschung der Augen mit Lourdes-Wasser brachte Heilung. Dafür hielt P. Augustin in Lourdes dann eine Dankmesse. In einer Ansprache berichtete er den Zuhörern von seiner wunderbaren Heilung. In Lourdes sprach er mit der hl. Bernadette lange; er bewahrte ihr stets ein lebhaftes Interesse. Von Lourdes kehrte er mit vielen Gnaden bereichert in seine Einsiedelei in Tarasteix zurück.

Hier erlebte er noch eine dreifache erwähnenswerte Unterbrechung seines Einsiedlerlebens:

Erstens mußte er in der Fastenzeit 1869 auf Verlangen des Bischofs Mermillod die Fastenpredigten in Genf halten; 30 Jahre zuvor hatte diese Stadt in der französischen Schweiz sein ausgelassenes, vergnügungssüchtiges Leben gesehen. Nun predigte er hier mit tiefer Reue und innerer Ergriffenheit und machte gut, was er einst in dieser Stadt gefehlt hatte.

Eine zweite Unterbrechung seines Einsiedlerlebens in Tarasteix wurde durch das Sterben seines Vaters veranlaßt: Im August 1869 wurde P. Augustin Cohen plötzlich nach Wildbad in Deutschland gerufen. Seitdem er in den Karmeliterorden eingetreten war, hatte ihn sein Vater nicht mehr sehen wollen, er hatte ihn verflucht und enterbt. Die Nähe des Todes aber erinnerte Herrn David Abraham Cohen an seinen Sohn Hermann; er brachte es nicht übers Herz, die Welt zu verlassen, ohne seinen Sohn noch einmal wiedergesehen zu haben; so ließ er ihm schreiben, daß er ihm verzeihe; er bat ihn, schnellstens zu ihm zu kommen, jedoch nicht im Mönchsgewand. Ungeachtet wichtiger Arbeiten, die P. Augustin gerade aufgetragen waren, zögerte er nicht und reiste ab zu einem rührenden Wiedersehen von Vater und Sohn. Aber die Hoffnung auf Bekehrung seines Vaters erfüllte sich nicht. Der Sterbende sprach zwar zu seinem Sohn: »Ich verzeihe Dir die drei großen Fehler Deines Lebens, daß Du katholisch geworden bist, daß Du Deine Schwester katholisch gemacht hast und daß Du Deinen Neffen Georg getauft hast.« Aber er ging am 10. August 1869 in die Ewigkeit hinüber, ohne dem Judentum entsagt zu haben. P. Augustin aber hoffte, daß der barmherzige Gott seinem Vater gnädig gewesen sei.

Eine dritte Unterbrechung seines Einsiedlerlebens in Tarasteix hatte die Erstkommunion der Nichte von P. Augustin, der Tochter Maria seines Bruders Albert zum Anlaß. Im Pensionat der Sacre-Cœur-Schwestern in Vaals fand diese Feier am 3. Mai 1870 statt.

Nach Tarasteix zurückgekehrt, fand P. Augustin das Dekret seiner Ernennung zum ersten Definitor seiner Ordensprovinz und zum Novizenmeister vor. Er begab sich sofort an den Ort des Noviziates, nach Broussey. Hier aber war ihm kein langes Bleiben mehr gegönnt. Der Krieg zwischen Preußen und Frankreich brach aus. P. Augustin erkannte die bedrohliche Lage, in die er als gebürtiger Deutscher seine französischen Mitbrüder bringen würde, weil die Wut gegen alle Deutschen, die sich in Frankreich aufhielten, sehr schnell anschwoll. Um durch seine Nationalität den Haß des Pöbels gegen die Klöster nicht noch mehr zu steigern, zog es P. Augustin vor, Frankreich zu verlassen. Er wandte sich zuerst in die Schweiz. In Genf bat ihn Bischof Mermillod, sich der vielen Flüchtlinge in Montreux seelsorglich anzunehmen. Er tat es mit viel Erfolg. Mitte November 1870 bat ihn aber Bischof Mermillod, die noch wichtigere Aufgabe zu übernehmen und die vielen in Preußen internierten französischen Staatsbürger seelsorglich zu betreuen. Am 24. November 1870 verließ er Montreux und schlug sich nach Deutschland durch, um die Feldkaplanstelle in Spandau zu übernehmen, wo etwa 8000 gefangene Franzosen ihn erwarteten. Im Dienste dieser Menschen verbrauchte er seine letzten Kräfte, bis er – von den Blattern angesteckt – erst 50jährig am 20. Januar 1871 starb, nachdem er vorher in der heiligen Wegzehrung noch mit seinem vielgeliebten eucharistischen Herrn vereint worden war. Was P. Augustin seit seiner Bekehrung bis zu seinem Heimgang allzeit am tiefsten zu beglücken und bei Prüfungen und Heimsuchungen am meisten zu trösten vermochte, war die hl. Eucharistie und alles, was er für die Verbreitung der Verehrung und Anbetung des Heiligsten Sakramentes zu tun vermochte. Er empfand in seinem Herzen ein ganz starkes Gefühl der Dankbarkeit gegen Gott für dieses kostbare Geschenk der Eucharistie, so daß er nicht genug die Menschen, mit denen er zu tun hatte, dafür begeistern konnte.

Die Wandlung des Juden Hermann Cohen vom Lebemann und gefeierten Künstler zum schlichten, demütigen, in Liebe zum eucharistischen Heiland glühenden Mönch im Orden der Unbeschuhten Karmeliter hat er selbst einmal in folgender Weise zusammengefaßt: »Ich habe die Welt durchlaufen, ich habe die Welt gesehen, ich habe die Welt geliebt . . . Nur eins habe ich in der Welt gelernt, daß man das wahre Glück in ihr nicht findet.

Da offenbarte mir Maria das Geheimnis der hl. Eucharistie. Und ich erkannte: Die Eucharistie ist das Leben, das Glück.

Ich habe keine andere Mutter als die Mutter der schönen Liebe, die Mutter der hl. Eucharistie. Sie hat mir die Eucharistie gegeben, und diese hat mir schließlich das Herz geraubt.

Wißt ihr, warum man Mönch wird? Um diese verkannte Liebe zu rächen. Im Opfer der hl. Eucharistie und im Opfer der Ordensprofeß wird die Seele nicht vom Leibe getrennt. Beide opfern sich zusammen. Sie werden nicht durch das Schwert getrennt, um ihr

Opfer bis zum letzten Tag fortsetzen zu können. Dann aber reise ich in jenes Land des Karmels, wo nur noch Milch und Honig fließen. Das ist die ewige Kommunion.«[9]

1) vgl. Sr. Maria Baptista a Spiritu Sancto, Künstler und Karmelit (Wiesbaden 1957), S. 16; diesem Buch ist das Allermeiste entnommen.
2) zitiert nach Rosenthal D. A., Convertitenbilder aus dem 19. Jahrhundert, I. Bd., S. 663 – 664.
3) zitiert nach Rosenthal D. A., a. a. O., I. Bd., S. 664 – 665.
4) zitiert nach Rosenthal D. A., a. a. O., I. Bd., S. 666.
5) zitiert nach Rosenthal D. A., a. a. O., I. Bd., S. 667.
6) zitiert nach Rosenthal D. A., a. a. O., I. Bd., S. 667 – 668.
7) vgl. Sr. Maria Baptista, a. a O., S. 102.
8) vgl. Sr. Maria Baptista, a. a O., S. 103.
9) vgl. Sr. Maria Baptista, a. a O., S. 183 – 184.

5. Johann Emmanuel Veith
(† 6. November 1876)

Eine überaus interessante Persönlichkeit, die, aus einer orthodox jüdischen Familie stammend, zum katholischen Glauben fand, ist der berühmte Arzt, spätere Priester und Klassiker der katholischen Homiletik, Johann Emmanuel Veith. Er stammte aus Kuttenplan im nordwestlichen Böhmen, wo er am 10. Juli 1787 geboren wurde.

Die Erziehung, die ihm im jüdischen Elternhaus zuteil wurde, war von früher Kindheit an darauf gerichtet, ihn zu einem großen Talmudgelehrten heranzubilden. Aber der Talmud stieß ihn ebenso ab, wie ihn die Aufklärerei des Moses Mendelssohn († 1786), dem sein Freund Lessing im »Nathan« ein Denkmal gesetzt hat, anwiderte. Schon im neunjährigen Knaben entbrannte ein innerer Kampf, der nach Veiths eigenem Geständnis 21 Jahre dauerte und erst mit der Taufe am 4. Mai 1816 endete.

Wie der ganze Prozeß bis hin zur Konversion zum katholischen Glauben sich genau entwickelt hat, läßt sich schwer schildern, weil Veith darüber nie gesprochen hat. In einem Brief an Sebastian Brunner († 1893), mit dem zusammen Veith die Wiener Kirchen-Zeitung herauszugeben begann, schrieb er: »Ich kann mich glücklich schätzen, keine absonderlich merkwürdigen Geschicke erlebt zu haben, weil ich es nicht dahin bringen könnte, eine Autobiographie zu schreiben, in welcher die Dichtung von der Wahrheit, d. h. von der tatsächlichen, überwogen würde. Die Vergangenheit, und zwar die nächste nicht minder als die fernste, liegt nur gleich Nebelbildern hinter mir; chronologische und akolutische Daten wußte ich nur selten verläßlich anzugeben. Ich weiß nur, daß früher schon, ohne mein Hinzutun, eine entschiedene Wende zum positiven Glauben in mir vorgegangen ist; es ist jedoch meine Sache nicht, von subjektiven Erlebnissen zu reden.«[1)]

Nachdem Veith in Prag das Altstadtgymnasium besucht hatte, studierte er an der Prager Universität von 1803 bis 1806 Philosophie, dann ein Jahr lang Medizin. Da ihm aber die Professoren an der Medizinischen Fakultät in Prag nicht zusagten, ging er 1808 nach Wien. Neben seinen Fachstudien, die sich auch auf das Gebiet der Veterinärmedizin erstreckten, beschäftigten ihn die deutschen Klassiker, namentlich die Werke J. W. Goethes. Veith erwarb sich bald einen Ruf als Dichter und Erzähler. Noch mehr Ansehen verschafften ihm aber zwei 1812 erschienene medizinische Bücher, nämlich eine Kräuterkunde für Tierärzte und eine systematische Beschreibung österreichischer Arzneigewächse. Beide Bücher wurden sogleich als Lehrbücher für die Kandidaten der Pharmazie vorgeschrieben.

Nach mit Auszeichnung bestandenen Prüfungen wurde Veith am 27. November 1812 zum Dr. med. promoviert. Im Jahre 1817 wurde er mit dreißig Jahren erster Professor und provisorischer Direktor des Tierarznei-Instituts, 1819 dann wirklicher Professor.

In seinem Amt wirkte Veith anregend und fördernd durch seine stark besuchten Vorlesungen und durch eine Reihe von Fachschriften, die er publizierte. Daneben fand er auch Zeit, eine ausgedehnte ärztliche Praxis auszuüben. Er war schließlich ein vielbesuchter Arzt, dessen homöopathische Heilmethode sich dann besonders zur Zeit der Cholera-Epidemie 1830 in Wien bewährte. Dennoch ging er in dieser regen beruflichen Tätigkeit nicht auf.

Noch war er Jude, aber auffallend stark zog es ihn damals schon zum katholischen Gottesdienst hin. Im Jahre 1816 ließ er sich nach sorgfältiger Vorbereitung die hl. Taufe spenden und in die katholische Kirche aufnehmen.

Die folgenden Jahre boten den Wienern ein eigenartiges Schauspiel: der junge Direktor des Tierarznei-Instituts besuchte ab 1818 – soweit es die Zeit zuließ – die Vorlesungen der Theologischen Fakultät der Wiener Universität und legte mit ausgezeichnetem Erfolg (»eminenter«) die Prüfungen ab; er wollte Priester werden.

Was ihn zu diesem Schritt bewog, verriet Veith nie, teilweise wenigstens bewog ihn der hl. Clemens Maria Hofbauer, mit dem er damals durch seine Freunde Zacharias Werner, Josef v. Eichendorff und Clemens Brentano im Kreis der Romantiker bekannt geworden war. Der persönliche Eindruck des hl. Clemens Maria Hofbauer auf Veith bewirkte, wie er selber einmal sagte, »den Rest seines Lebens sich mit dem zu beschäftigen und für das zu arbeiten, was allein ewig und allein wichtig ist.«[2)]

Nachdem Veith zu Beginn des Jahres 1821 um Enthebung von seinen staatlichen Ämtern nachgesucht hatte, empfing er am 26. August 1821 die heilige Priesterweihe und trat am 16. September 1821 in den Redemptoristenorden ein, in welchem er 1822 die Ordensprofeß ablegte. P. A. Innerkofler CSSR meinte, daß Veiths Eintritt in den Orden mehr ein Schritt der Begeisterung für

Clemens Maria Hofbauer als ein Schritt echter Berufung zum Ordensstand gewesen sei.[3]

»Denn Veiths eigentümliche Geistesanlage war mit dem klösterlichen Gemeinschaftsleben schwer vereinbar, und der hl. Clemens Maria Hofbauer soll ihm deshalb im voraus gesagt haben, daß er in die Kongregation der Redemptoristen ein-, aber auch wieder austreten werde.« Zwei wichtige Gründe für den Austritt aus dem Redemptoristenorden waren sicher einerseits die Tatsache, daß die Ordensregel dieses Ordens für seine Mitglieder die Ausübung einer ärztlichen Praxis nicht erlaubte, der einst vielgesuchte Arzt Dr. Veith, der nun Priester war, diese aber immer noch, wenigstens gelegentlich, ausübte; ein weiterer Grund war sicher auch Veiths Umgang mit dem der Häresie verdächtigten Priester, Philosophen und Theologen Anton Günther, was ungern gesehen wurde.

Im Jahre 1830 trat Veith tatsächlich aus dem Redemptoristenorden wieder aus, blieb aber mit diesem freundschaftlich verbunden und wurde sogar vom Ordensgeneral P. Mauron zum Oblaten der Kongregation der Redemptoristen ernannt.

Als Redemptorist wirkte Veith nach seiner Priesterweihe vor allem als Volksmissionar in der Obersteiermark und in Oberösterreich. In Wien predigte er vor allem in der Kirche Maria am Gestade. Da gewann er bereits 1826 mit den Fastenpredigten den Ruf eines großen Predigers, der es verstand, auch die Männer anzuziehen und die Kirche bis auf den letzten Platz zu füllen. Was an Veith als Prediger fesselte, war die geistvolle Behandlung des gewählten Predigtthemas. Obwohl ihm sprechende Gestik und Pathos nicht lagen, gewann er die Aufmerksamkeit seiner Zuhörer, »weil er das Predigtthema mit entsprechenden Zügen aus dem konkreten Leben und mit novellistischer Plastik darstellte, die verwendeten Schriftstellen, statt sie zu bloßer Beweisführung heranzuziehen, immer zu ergreifenden Schilderungen verwob, besonders aber weil er den abstrakten Stoff durch überraschende Beispiele und Anekdoten illustrierte, wobei er durch sinnige Ausdeutung oft sogar die kleinsten Züge seiner Erzählungen zu Allegorien seiner Lehren machte. Jeder Gegenstand erhielt bei ihm seine eigene fesselnde Färbung; er wußte bisweilen bald mit sarkastischem Humor, bald mit erschütterndem Ernst und mitleidvoller Wehmut sein Publikum bis zum Schluß zu fesseln.«[4]

Aus Veiths Predigten entstanden seine vielen homiletischen Bücher. Was er zuerst eingehend, Inhalt und Form aufs genaueste berechnend, durchdacht, dann durch den Kanzelvortrag gleichsam auf seine Zugkraft erprobt hatte, machte er schließlich für den Druck zurecht. Freilich hat dabei die angesetzte Feile dem gesprochenen Wort viel von seinem Glanz genommen, zumal er dabei auch die praktischen Nutzanwendungen verallgemeinerte.

Als Früchte seiner ersten homiletischen Tätigkeit seien folgende gedruckte Predigten genannt: »Die Leidenswerkzeuge Christi« (1826), »Das Friedensopfer« (1828), »Lebensbilder aus der Passionsgeschichte« (1829), »Die heiligen Berge« (1831).

Nach seinem Austritt aus dem Redemptoristenorden wurde Veith 1831 Domprediger in St. Stephan. Als solcher hatte er abwechselnd je ein Jahr die Sonn- und Festtagspredigten zu halten. Diese Homilien ließ er in vier Bänden unter dem Titel »Homilienkranz« (Wien 1837 – 1838) drucken. Desgleichen übernahm er mehrmals auch die Fastenpredigten im Dom zu St. Stephan; sie erschienen ebenfalls der Reihe nach im Druck: »Parabel vom verlorenen Sohn« (1837), »Mater dolorosa« (1844) usw.

Dazu schrieb Veith in Musestunden Erzählungen und Novellen, nachdem er von 1819 bis 1823 in fünf Bänden die Zeitschrift der katholischen Restauration »Ölzweige« herausgegeben und darin selber eine Reihe von Beiträgen geschrieben hatte.

Schließlich wurde dem Priester und Arzt die Arbeit zu viel, er ging 1845 als Domprediger in Pension und lebte fortan mit kargem Einkommen zufrieden in Wien als freier Schriftsteller. Er gab seine noch nicht gedruckten Fest-, Gelegenheits- und Fastenpredigten als »Homiletische Vorträge für Sonn- und Festtage« (7 Bände, Wien 1846 – 1855) heraus. Auch mehrere Ehrungen stellten sich nun ein. So verlieh ihm sein besonderer Gönner, Kardinal Schwarzenberg 1847 ein Ehrenkanonikat in Salzburg, die Universitäten von Prag und Wien machten ihn zum Ehrendoktor der Theologie (1848 – 1851).

Von 1850 bis 1855 wohnte Veith im erzbischöflichen Palais in Prag bei seinem hohen Protektor Kardinal-Erzbischof Schwarzenberg. Auch hier war Veith als Prediger und Konferenzredner tätig. In den Fastenpredigten des Jahres 1852 erklärte er in Prag den Bußpsalm »Miserere«, wie er es schon im Revolutionsjahr 1848 in Wien getan hatte. In jenem Jahr wurden die Revolutionsereignisse für Veith zum Anlaß, sich an der Gründung des »Katholikenvereins« zu beteiligen und in allen Bezirken Wiens Konferenzreden zu halten und bei der Herausgabe mehrerer Wochenblätter (z. B.

»Der Volksfreund« und »Aufwärts«) mitzuwirken. Mit dem Priester-Philosophen und Theologen Anton Günther gab Veith gegen die Hegelianer das philosophische Taschenbuch »Lydia« (4 Bände, 1849 – 1852) heraus. Im Streit um die Rechtgläubigkeit Anton Günthers stand Veith diesem zur Seite. Anton Günthers berühmtes Unterwerfungsschreiben aus dem Jahre 1857 stammt von Veith. (Vgl. das Breve Pius' IX. vom 15. Juni 1857, wo ausdrücklich betont wird, daß sich Anton Günther in seinem Schreiben vom 10. Februar 1857 »ingenue, religiose ac laudabiliter« unterwarf).[5)]

Wegen seines schweren Gehörleidens übersiedelte Veith 1855 wieder zurück nach Wien in der Hoffnung, dort leichter Heilung von seinem Leiden zu finden; er fand sie aber nicht; es traf ihn vielmehr im Jahre 1863 ein weiterer harter Schlag: die Erblindung.

Schließlich litt der Priester und Arzt, der so vielen geholfen hatte, nicht bloß an Blindheit, an fast völliger Taubheit und an schmerzlicher Gicht; er war nun dauernd an sein bescheidenes Zimmer gefesselt. Aber trotz der Schmerzen und körperlichen Behinderungen fuhr er mit seiner schriftstellerischen Tätigkeit bis zu seinem Tod fort. Edle Damen, die auch für seine Pflege sorgten, unterstützten ihn dabei. Verschiedene Predigtsammlungen, Erzählungen und Gedichte, sowie Gebet- und Betrachtungsbücher brachte Veith noch heraus.

In seinem letzten, nicht mehr ganz vollendeten Werk, das erst nach seinem Tod im Druck erschien, kehrte der aus dem Judentum konvertierte große Bibelkenner zu zwei alttestamentlichen Büchern zurück: »Koheleth und das Hohe Lied« (Wien 1878); es geht dabei um eine Übertragung und Kommentierung dieser beiden alttestamentlichen Bücher.

Der Tod nahm diesem Juden, der zum Messias Jesus Christus und seiner geliebten Braut, der Kirche, gefunden und unsagbar viel für beide gearbeitet hatte, die Feder aus der Hand, als er bis zu Vers fünf des dritten Kapitels des Hohenliedes gekommen war, wo die Braut die Töchter Jerusalems beschwört, sie in ihrer Liebe zum Bräutigam nicht zu stören. »Am Ziel«, so heißen die zwei letzten Wörter, die Veith in der Kommentierung des Hohenliedes an seinem Todestag selber noch niedergeschrieben hat, nachdem er vorher am Morgen dieses Tages – es war der 6. November 1876 – noch auf eigenes Verlangen die Sterbesakramente empfangen hatte.

[1] So Sebastian Brunner in seiner historischen Schrift »Clemens Maria Hofbauer und seine Zeit«, Wien 1858.
[2] vgl. E. Hosp, Erbe des Clemens Maria Hofbauer, Wien 1953.
[3] vgl. A. Innerkofler, Veith J. E., in: Wetzer und Welte's Kirchenlexikon (2. Aufl., Freiburg i. Br. 1901), 12. Bd., Sp. 650.
[4] vgl. A. Innerkofler, a. a. O., Sp. 651
[5] vgl. Denzinger-Schönmetzer, Enchiridion Symbolorum (32. Aufl., Freiburg i. Br. 1963), Nr. 2828 – 2831.

6. Bruno Paulus Franz Xaver Rothschild
(† 24. Dezember 1932)

Am Oberen Markt in der Stadt Lohr am Main betrieb das jüdische Ehepaar Hermann Rothschild und Helena, geb. Hermann, gegenüber dem Rathaus ein Manufakturwarengeschäft. Inmitten der katholischen Bevölkerung lebte dieses Ehepaar streng nach den Gesetzen der mosaischen Religion. In diesem Sinn erzogen sie auch ihre drei Kinder, auch den am 24. Januar 1900 geborenen Bruno, der zusammen mit seinen Geschwistern Irma und Alvin, »stets brav und wohlerzogen«, wie seine Mutter ihn beurteilte, eine glückliche Kindheit verlebte.[1)] Er galt in der Kleinstadt, in der die Familie trotz ihres mosaischen Glaubens geachtet und angesehen war, als ein sehr religiöser, nach Wahrheit strebender Junge. Er besuchte das Lohrer Gymnasium, bis er im Februar 1918 zum 5. Infanterie-Regiment nach Bamberg einrücken mußte.

Gereift durch die Fronterlebnisse im Ersten Weltkrieg und durch Nachkriegserlebnisse im Freikorps Würzburg, mit dem Bruno Rothschild ausgezogen war, die Münchener Unruhen zu bekämpfen, kehrte er Ende 1919 an das Gymnasium in Lohr zurück und absolvierte nach einem halben Jahr das Not-Abitur. Im Wintersemester 1919/20 begann er das Medizinstudium, wechselte dann aber in den pharmazeutischen Beruf und studierte Pharmazie an den Hochschulen Würzburg und Jena.

Nach bestandenem Staatsexamen war er als Apotheker-Gehilfe zuerst in Mainz, dann in Lichtenfels am Main und schließlich in Germersheim bei dem katholischen Apotheker Julius Uhl tätig. Dieser gewährte ihm nicht bloß den Arbeitsplatz und die Wohnung, sondern auch Familienanschluß. Bruno Rothschild freute sich hier über gelegentliche Besuche des Ortspfarrers. In den gemeinsamen religiösen Gesprächen wurde mehrmals über Therese Neumann von Konnersreuth gesprochen. In dieser Zeit machte Bruno Rothschild auch die Bekanntschaft mit der am Mädchengymnasium der Dominikanerinnen von St. Magdalena in Speyer tätigen jüdischen Konvertitin Edith Stein. Mit dieser sollte Bruno Rothschild bald ebenfalls dankbar bekennen können: »Wir haben den Messias gefunden!«

Wie aber kam es zur Konversion des Juden Bruno Rothschild? Am 23. März 1924 fand im Hotel Post in Lohr eine Wahlversammlung statt. Allen war bekannt, daß dabei der Hauptredner auch auf die Judenfrage zu sprechen kommen werde. Darum nahm Bruno Rothschild mit einigen jüdischen Freunden an dieser Versammlung teil. Er hatte sich vom »Reichsbund jüdischer Frontsoldaten« Material besorgt, um gegen erwartete antisemitische Angriffe gewappnet zu sein und in die Diskussion eingreifen zu können, zumal ihn seine jüdischen Freunde als Sprecher gewählt hatten. Als der Redner tatsächlich bald heftig die Juden attackierte, griff der Pharmazie-Student Bruno Rothschild mutig in die Debatte ein und verteidigte seine jüdischen Glaubensgenossen. In der Hitze des Gefechts kam er von der Politik auf die Religion zu sprechen und ließ sich dabei zur Behauptung hinreißen, Jesus Christus sei das außereheliche Kind einer Jüdin und eines römischen Hauptmanns gewesen. Darauf entstand im Saal ein Tumult. Einige Versammlungsteilnehmer stürzten sich auf Rothschild und verprügelten ihn, so daß er – im Gesicht stark blutend – den Saal verlassen mußte.

Da das Geschehene in der Stadt Lohr an den folgenden Tagen zum Tagesgespräch geworden war, sahen sich der katholische und der evangelische Stadtpfarrer veranlaßt, in der Lohrer Zeitung einen scharfen Protest gegen die beschämende Schmähung Jesu Christi und seiner jungfräulichen Mutter zu veröffentlichen. Es heißt darin nach dem Hinweis auf den Artikel im Glaubensbekenntnis von Jesus Christus, »der empfangen ist vom Hl. Geist, geboren aus Maria, der Jungfrau«: »Es ist klar, daß das Christentum bei seinem Eintritt in die feindselige Umwelt, in die jüdische wie die heidnische, es sich gefallen lassen mußte, verhöhnt, verspottet und geschmäht zu werden . . . Auch die Lehre von der Jungfrauengeburt wurde verspottet und in gemeiner Weise in den Schmutz gezogen. So finden wir schon in der Schmähschrift des heidnischen Philosophen Celsus (170 – 180 n. Chr.), die den Titel ›Wahres Wort‹ führt, alle die gehässigen jüdischen und heidnischen Schmähungen und Lästerungen, die noch heute die Freude aller Feinde des Kreuzes Christi bilden. Hier finden wir auch die schamlose Lüge über die Geburtsgeschichte Jesu. Prof. Ernst Häckel hat es sich nicht entgehen lassen, in seinen ›Welträtseln‹ diese Schandgeschichten wieder aufzuwärmen; er hat dabei seinem blindwütigen Haß gegen das Christentum sogar seinen wissenschaftlichen Ruf geopfert. Das also sind die trüben Quellen, auf die sich am letzten Sonntag (23. März 1924) in einer Wahlversammlung in unserer Stadt ein geborener Feind des Kreuzes Christi, ein junger Jude, angeblich im Namen ›der Wissenschaft‹ berief, wobei er die ungeheure Frechheit besaß, einen ›wissenschaftlichen Nachweis‹ für die Jungfrauengeburt zu verlangen. Noch ungeheurer freilich ist die Gutmütigkeit der aus Hunderten von Christen bestehenden Wählerversammlung, die sich derartiges von einem Juden bieten ließ, und die naive Einfalt, mit der heute gar mancher in unserer Stadt, ohne zu erröten, von diesen pikanten Geschichten spricht und dabei sehr ›gebildet‹ von einer wissenschaftlichen Streitfrage redet, von der man bisher nichts gewußt habe. Es fehlte nur noch, daß man dem frechen Lästerer eine Dankadresse widmet für die ›wertvolle wissenschaftliche Aufklärung‹, die er geleistet hat!

Der Nachweis, der hier erbracht werden müßte, wäre der für die Richtigkeit der erhobenen Schmähungen. Dieser Nachweis aber ist nicht zu erbringen, weil eben die ›historischen und wissenschaftlichen Grundlagen‹ hierfür nichts als jüdische und heidnische Schmähschriften sind. Im übrigen ist dieses unglaubliche Gerede über die Geburtsgeschichte Jesu so einfältig und gemein, daß es überflüssig ist, sie hier zu widerlegen. Es ist dies schon seit den Tagen des Origenes unzählige Male geschehen, und auch ein so scharfsinniger und unerbittlicher Kritiker des Christentums wie David Friedrich Strauß hat schon 1835 die jüdischen Schandgeschichten über Maria in ihr Nichts aufgelöst. Selbst hochangesehene Juden wie Moses Mendelssohn in einem Brief an Lavater und Graetz – in seiner ›Geschichte der Juden‹ – bezeichnen solche jüdische Schmähschriften gegen Jesus als ›ein elendes Machwerk, kombiniert aus fragmentarischen Sagen des Talmud über Jesus‹. Der Versammlung aber vom letzten Sonntag und insbesondere deren Leitung kann der schwere Vorwurf nicht erspart bleiben, daß sie die Ehre des Christenglaubens gegen jüdische Anmaßung und Frechheit nicht entschieden genug gewahrt hat – ganz im Gegensatz zu dem angekündigten Programm.

Von der jüdischen Kultusgemeinde hier in Lohr aber ist, wenn in ihr noch ein Gefühl für Anstand und Schicklichkeit lebt, zu erwarten, daß sie durch eine öffentliche Erklärung das schwere Ärgernis zu beseitigen versucht, das jener junge Jude durch seine Schmähungen allen gläubigen Christen in unserer Stadt bereitet hat. Denn wenn auch in jener Versammlung wohl heftige Angriffe gegen die Juden erhoben wurden, so war einmal ja das Thema allgemein bekannt und kein Jude hätte hinzugehen brauchen. Zum anderen darf auch berechtigte Gegenrede niemals dazu führen, das, was Tausenden ein heiliger Glaubenssatz ist, mit Schmutz zu bewerfen. Wenn wir auch einem schrankenlosen Antisemitismus keineswegs das Wort reden, so müssen wir uns doch gegen solche jüdische Anmaßung und Beleidigung verwahren. Die Schmach, die man hier öffentlich unserem Heiland angetan hat, müssen wir als unsere eigene Schmach empfinden. Und wir wissen uns gewiß mit allen gläubigen Christen aller Konfessionen einig darin, daß wir allen Verleumdungen und Schmähungen zum Trotz festhalten an dem Bekenntnis zu Jesus Christus, unserem Herrn und Heiland, Gottes eingeborenen Sohn, empfangen durch den Hl. Geist und geboren aus Maria der Jungfrau.«[2)]

Die israelitische Kultusgemeinde in Lohr reagierte mit folgender, in der Lohrer Zeitung am 1. April 1924 abgedruckten Erklärung: »Zu den Veröffentlichungen der Stadtpfarrer (von Lohr) in der Lohrer Zeitung vom 29. März 1924 erklärt die unterfertigte israelitische Kultusgemeinde, daß sie den Äußerungen des jungen Mannes in jeder Weise vollständig ferne steht und solche schärfstens verurteilt. Sie bedauert deshalb aufrichtig die dadurch entstandene Mißstimmung und wünscht nichts sehnlicher, als mit allen christlichen Mitbürgern nach wie vor in Frieden und Eintracht weiter zu leben.«[3)]

Aus Protest gegen diese Erklärung der israelitischen Kultusgemeinde trat Bruno Rothschild, mit dem man keinerlei Kontakt aufgenommen hatte, aus seiner Religionsgemeinschaft aus. Es kam dann noch zu einer gerichtlichen Verhandlung gegen ihn in Aschaffenburg; Bruno Rothschild wurde verurteilt.

Hier begann nun in ihm die eigentliche Wandlung, die zur Konversion führte. Bruno Rothschild war als »geborener Feind des Kreuzes Christi« angeklagt worden. Da nahm er nun mit dem katholischen Stadtpfarrer von Lohr Kontakt auf, weil ihn die Wahrheitsfrage ganz stark zu beschäftigen begonnen hatte. Der katholische Priester, Pfarrer Abel, behandelte Bruno Rothschild rücksichtsvoll und klug und versorgte ihn mit entsprechender Literatur über den katholischen Glauben. Ein Kapuzinerpater am Wallfahrtsort Mariabuchen übernahm die weitere Unterweisung des jungen Juden über den katholischen Glauben und hielt ihn vor allem zum Gebet um Erkenntnis der Wahrheit an. Überdies nahm Bruno Rothschild Kontakt mit Menschen auf, die den Weg von der Synagoge zur katholischen Kirche schon gegangen waren.

Der Gnadenweg hin zur katholischen Kirche ging dann aber für Bruno Rothschild über Konnersreuth. Während seiner Tätigkeit als Apotheker-Gehilfe in Lichtenfels hörte er eines Tages einen Vortrag über die stigmatisierte Therese Neumann. Von da an fühlte er sich wegen der religiösen und naturwissenschaftlichen Phänomene, die an dieser schlichten, bäuerlichen Frau in Erscheinung traten, nach Konnersreuth hingezogen. Deshalb fuhr er eines Tages mit dem Fahrrad von Lichtenfels nach Konnersreuth. Die Tagebuchnotizen, die sich Bruno Rothschild über seine Begegnungen mit Therese Neumann machte, sind überaus aufschlußreich.[4)]

Am 10. August 1928 wurde Bruno Rothschild in Konnersreuth vom Ortspfarrer Naber getauft, wobei der Eichstätter Theologieprofessor Fr. X. Wutz und Therese Neumann als Taufpaten fungierten. Bei der anschließenden hl. Messe empfing der Neugetaufte zusammen mit seiner Taufpatin die erste hl. Kommunion.

Gottes Gnade drängte den konvertierten Juden dann weiter, hin zum Priestertum. Er gab seinen Apothekerberuf, den er zuletzt in Germersheim bei der katholischen Familie Uhl ausgeübt hatte, auf und begann das Theologiestudium in Eichstätt im Oktober 1928. Die Ferien verbrachte er immer in Konnersreuth und wurde dabei stark beeindruckt von den außerordentlichen Geschehnissen an Therese Neumann. Eine große Hilfe auf dem Weg zum Priestertum waren ihm auch Pfarrer Josef Naber von Konnersreuth und Fr. X. Wutz, der Professor für alttestamentliche Bibelwissenschaft an der Phil.-Theologischen Hochschule in Eichstätt.

Die Priesterweihe empfing Bruno Rothschild am 1. Juli 1932 in Eichstätt. Im dortigen Benediktinerinnenkloster St. Walburg feierte er tags darauf die Primiz und am 10. Juli in Konnersreuth die Nachprimiz. Am 13. August 1932 trat der Neupriester seine erste Kaplansstelle in Arberg in der Nähe von Ansbach an.

Es war ihm nur eine ganz kurze Seelsorgetätigkeit gegönnt. Das Herz hielt dem Erlebten und Erlittenen nicht stand. Am 21. Dezember 1932 starb sein Vater Hermann Rothschild. Bruno Rothschild hatte sich beeilt, den sterbenden Vater noch lebend anzutreffen, er erreichte ihn aber nur noch auf der Totenbahre. Am Tag nach dem Begräbnis des Vaters, an dem der Priestersohn nur von ferne teilnehmen konnte, feierte er in der Kapuzinerkirche in Lohr seine erste und zugleich letzte hl. Messe in der Heimatstadt. Bald darauf trat er die Rückreise nach Konnersreuth an. In Nürnberg angekommen, wollte Bruno Rothschild in den Zug nach

Waldsassen umsteigen. Dabei wurde er von einem ganz schweren Herzanfall überrascht, der zum Tode führte; es war halb drei Uhr nachmittags am Heiligen Abend, 24. Dezember 1932. Sein letztes Wort, das er flüsternd über die Lippen brachte, war »Heiland!« Am 28. Dezember 1932 wurde Bruno Rothschild auf dem Friedhof von Konnersreuth begraben. Beim Trauergottesdienst hielt Pfarrer J. Naber die folgende Grabrede:[5)]

»Wir stehen am Grab des hochwürdigen Herrn Kaplans Bruno Rothschild. Lohr am Main ist die Stadt, in der er vor 33 Jahren das Licht der Welt erblickte, Konnersreuth der Ort, an dem ihm vor viereinhalb Jahren das Licht des katholischen Glaubens aufging; Seelenarzt wollte er von da an werden, nachdem er vorher Leibesarzneikunde studiert und geübt hatte; die altehrwürdige Bischofsstadt Eichstätt vermittelte ihm das zu seelsorglichem Wirken notwendige Wissen, die Pfarre Arberg sah ihn kurze Zeit als Kaplan in ihrer Mitte, heute hat er die letzte Station seines Lebens erreicht, das Grab. Tief erschüttert blicken wir in dasselbe mit der Frage auf den Lippen: ›Herr, warum so früh?‹ Er, der Verstorbene, freute sich und wir alle freuten uns auf eine lange gesegnete Wirksamkeit, die er im Weinberg des Herrn werde entfalten können. Und nun, kaum begonnen, wird sie mit einem Schlag beendet. Gottes Gedanken sind nicht unsere Gedanken, seine Wege sind nicht unsere Wege. Was sind vor dem Ewigen tausend Jahre, was vor dem unendlich Großen die größten Taten, die ein Mensch vollbringen kann! Eines nur ist es, was uns groß und unser Wirken wertvoll macht vor Gott, und das ist nicht an die Zeit gebunden und braucht nicht den Glanz der großen Taten, das ist die Heilandsliebe, die Opfer bringt! Und solche Liebe hat unser verstorbener Mitbruder besessen. Da lag er einmal schwerkrank im Pfarrhof in Fieberphantasien. Ich saß unbemerkt an seinem Bett und horchte. Jetzt – so dachte ich mir – wird das Innerste seines Herzens zum Vorschein kommen. Zum Vorschein kam ein Herz, so voll von kindlicher, zutraulicher Liebe zum Heiland, daß ich nachher sagte: ›Ich habe den Bruno bisher schon lieb gehabt, weil ich überzeugt war, daß er den Heiland liebt; nun aber habe ich ihn noch viel lieber, da ich ein solches Maß von ungeheuchelter Heilandsliebe aus seinem Mund habe reden hören.‹ Ein anderes Mal hat er etwas ängstlich und still vertraulich gefragt: ›Ob das etwas mache, daß ihm eine Träne auf die heilige Hostie gefallen sei?‹ Damit wissen wir, was es ihm möglich machte, die großen

Opfer zu bringen, die er gebracht hat: Herausgehen aus dem Kreis der Familie und der Verwandten in dem klaren Bewußtsein, daß er deren schärfsten Widerspruch herausfordern werde, wenn er der gewonnenen religiösen Überzeugung folge; die bisherige Berufsstellung aufgeben und jahrelang dann auf einen Beruf sich vorbereiten, mit dem sein bisheriges Leben keinen Zusammenhang gehabt hat; weder durch innere Kämpfe noch durch äußere Schwierigkeiten sich entmutigen lassen; dann sich am ersehnten Ziel sehen, aber krank und unfähig, so zu wirken, wie es heiliger Eifer wünschte; schließlich in kindlichem Pflichtbewußtsein – er hat von seinem jüdischen Vater immer mit Hochachtung und von seiner jüdischen Mutter immer mit Liebe gesprochen – schließlich also nach fünf Jahren wieder zurückkehren ins Elternhaus, um dem toten Vater die letzte Ehre zu erweisen, gefaßt auch auf die vorwurfsvollste Aufnahme; und bei dem allem immer sagen: ›Heiland, gern!‹ auf den Lippen. Geliebte, sind das nicht Opfer, die nur eine starke Liebe bringen kann? Darum glauben wir, der Verstorbene werde im Heiland einen gnädigen Richter und überreichen Vergelter gefunden haben; denn der Heiland richtet nach der Liebe; die Liebe tut ihm förmlich Gewalt an, er kann nicht unbarmherzig sein gegen den, der Ihn liebt, und er kann sich nicht genug tun in Beweisen des Wohlwollens gegen einen solchen Menschen!«

1) vgl. E. Becker, Durch Resl bekehrt, Neue Zeugnisse aus Konnersreuth (Würzburg 1965), S. 18 – 22.

2) vgl. E. Becker, a. a. O., S. 20 – 22; hier ist die Erklärung des kath. Stadtpfarrers Abel und des ev. Stadtpfarrers Fuchs in der Lohrer Zeitung vom 29. März 1924 im vollen Wortlaut abgedruckt.

3) vgl. E. Becker, a. a. O., S. 22; hier findet sich die Erklärung des Vorstandes der Israelitischen Kultusgemeinde Lohr am Main, H. Winheimer, wie sie in der Lohrer Zeitung vom 1. April 1924 abgedruckt war.

4) vgl. E. Becker, a. a. O., S. 30 – 81; hier sind Tagebuch-Eintragungen und Briefe des Konvertiten Br. Rothschild abgedruckt.

5) vgl. E. Becker, a. a. O., S. 95 – 97; hier findet sich der volle Wortlaut der Grabrede des Konnersreuther Pfarrers J. Naber; beide, Kaplan Br. Rothschild und Pfarrer J. Naber, liegen jetzt im Konnersreuther Friedhof in einem gemeinsamen Grab neben dem von Therese Neumann.

7. Edith (Teresia Benedicta a cruce) Stein
(† 9. August 1942)

»Edith Stein – auf der Suche nach Gott«, so lautet der Titel eines der vielen Bücher über die jüdische Philosophin, die zur Ordensschwester in dem einzigen in Israel gegründeten Orden, nämlich im Karmel, und zur Märtyrerin im Konzentrationslager Auschwitz-Birkenau zusammen mit Millionen von Angehörigen des jüdischen Volkes geworden ist.[1)] Man könnte den genannten Buchtitel auch dahin abwandeln: »Edith Stein – auf der Suche nach dem Messias.« Der größte Sohn des jüdischen Volkes hat gesagt: »Wer sucht, der findet, wer anklopft, dem wird aufgetan . . . (Lk 11, 9 f.)«. So läßt sich das Leben dieser jüdischen Konvertitin, die von Papst Johannes Paul II. im Mai 1987 in Köln seliggesprochen wird, gut charakterisieren. Sie nahm das Suchen und Anklopfen sehr ernst. Darum fand sie den Messias, der ihr im Kreuz das Tor zur ewigen Seligkeit auftat. Sie wollte aber, in Solidarität mit ihren jüdischen Brüdern und Schwestern, daß auch möglichst viele von ihnen den Messias und in Ihm das Heil fänden. Um das bat die große Beterin im Karmel in inständigem Gebet, dem sie durch ihr Lebensopfer im Konzentrationslager Auschwitz-Birkenau gewissermaßen die Unfehlbarkeit der Erhörung verschaffte. Sie wurde dabei ihrem Ordensnamen gemäß zur »Benedicta a cruce«, zu »der vom Kreuz her Gesegneten«.

Edith Stein wurde am »Jom Kippur«, am jüdischen Versöhnungstag, 12. Oktober 1891, als jüngstes von elf Kindern einer streng gläubigen jüdischen Familie in Breslau geboren. Das Datum bekam für das ganze, nur 51 Jahre dauernde Leben dieser Jüdin tiefe symbolische Bedeutung, wie sie selbst in ihrer Lebensskizze »Aus dem Leben einer jüdischen Familie«[2)] vermerkte: »Der höchste jüdische Feiertag ist der Versöhnungstag, der Tag, an dem einst der Hohepriester ins Allerheiligste eintrat und das Versöhnungsopfer für sich und das ganze Volk darbrachte, nachdem der ›Sündenbock‹, auf den alle Sünden des Volkes geladen worden waren, in die Wüste hinausgetrieben worden war.«

Die Mutter, Frau Auguste Stein, geb. Courant, verlor ihren damals erst 48jährigen Gatten durch einen ganz plötzlichen Tod auf einer Geschäftsreise. Edith war damals erst etwas mehr als zwei Jahre alt.

Die tapfere Mutter mußte sich nun um das Holzgeschäft des Vaters sorgen, um sich und den Kindern den nötigen Lebensunterhalt zu verschaffen. Sie kümmerte sich aber auch vorbildlich um die rechte Erziehung der großen Kinderschar, von der sie die beiden jüngsten, Erna und Edith, ganz besonders liebte. Ihnen suchte sie vor allen anderen die rechte gläubige Verehrung des Gottes Israels durch das Gebet und den eifrigen Gottesdienstbesuch in der Synagoge von Breslau beizubringen.

Trotzdem kam es bei der überaus intelligenten, temperamentvollen und frühreifen Edith schon in früher Kindheit zum Zusammenbruch des jüdischen Kinderglaubens. Sie bekannte später, daß sie vom 13. bis zum 21. Lebensjahr nicht mehr an die Existenz eines persönlichen Gottes glauben konnte. An die Stelle des naiven Kinderglaubens trat bei ihr aber sehr stark und intensiv das ernste Suchen nach der Wahrheit.

Nach ihrem Abitur im März 1911 besuchte Edith Stein die Universität in ihrer schlesischen Heimatstadt Breslau. Da sie den Lehrberuf anstrebte, belegte sie die Fächer Germanistik, Geschichte und Psychologie; sie wollte die Grundlagen und den Sinnzusammenhang der menschlichen Existenz mit dem Kernproblem der Seele als dem Mittelpunkt der menschlichen Person kennenlernen. Dabei erlebte sie in den Vorlesungen und Seminaren bald eine große Enttäuschung, denn hier wurde einer »Psychologie ohne Seele« das Wort geredet. Sie machte dabei sehr handgreiflich Bekanntschaft mit den Folgen des modernen Atheismus.

Bei ihren Seminararbeiten stieß sie auf das Buch »Die logischen Untersuchungen« des jüdischen Phänomenologen Edmund Husserl, der sich – im Gegensatz zur »Psychologie ohne Seele« – um eine Wiederentdeckung des Geistes, um den Sinn des Daseins und um das Wesen der Seele bemühte. Begreiflich, daß in Edith Stein der Wunsch erwachte, bei diesem Professor Husserl in Göttingen weiterzustudieren.

Im Jahre 1913 begann sie das Studium in Göttingen. Schon bald spürte sie in den Vorlesungen von Professor Husserl in erfreulicher Weise die Hinwendung zur Wahrheit des Seienden und die Überwindung des Subjektivismus, weil diesem Phänomenologen, der ebenfalls wie Edith Stein aus dem Judentum kam, die philosophische Wahrheit über alles ging. Leider aber machte er bei dieser Halt. Erst im Sterben drang er noch sehr bewußt zum Transzendenten vor.

Für Edith Stein war es ein Glück, daß sie in Göttingen auch den Phänomenologen Max Scheler kennenlernen konnte, dessen Neuentdeckung des Christlichen ihr wichtige Denkanstöße hin zur Erkenntnis gab, daß eigentlich nur die Religion den Menschen zum Menschen macht. In der Konfrontierung mit der Welt des Christlichen stieß Edith Stein auf die Urnot ihres Herzens, auf die Frage nach dem Ewigen, das in den Dingen aufleuchtet. Sie selber schrieb: »Das war die erste Berührung mit der mir bis dahin völlig unbekannten Welt. Sie führte mich noch nicht zum Glauben, aber sie erschloß mir einen Bereich von ›Phänomenen‹, an denen ich nun nicht mehr blind vorbeigehen konnte.«[3)] Der Existenzmöglichkeit Gottes konnte sie sich von da an nicht mehr verschließen.

Inzwischen war der Erste Weltkrieg ausgebrochen. Viele Studentinnen meldeten sich für den Dienst in den Lazaretten. Edith Stein entschied sich für das Seuchenlazarett in Mährisch-Weißkirchen, wo sie mit großer, opferbereiter Liebe die an Flecktyphus, Ruhr und Cholera erkrankten Soldaten der österreichisch-ungarischen Armee pflegte.

Im Jahre 1916 erhielt Prof. E. Husserl einen Ruf an die Universität Freiburg im Breisgau. Er lud Edith Stein ein, seine Assistentin zu werden, weil er schon in Göttingen ihre Intelligenz und Hilfsbereitschaft schätzen gelernt hatte.

Noch im gleichen Jahr 1916 promovierte Edith Stein »summa cum laude« zur Doktorin der Philosophie und brachte ihre ersten Publikationen heraus: »Psychische Kausalität«, »Individuum und Gemeinschaft« und »Eine Untersuchung über den Staat«.

1919 zog sich Edith Stein nach Breslau zurück, um dort ihre wissenschaftlichen Arbeiten fortzusetzen. Daneben bemühte sie sich um endgültige Klärung ihrer religiösen Fragen.

Im Sommer 1921 geschah dann das »Wunder«, das ihrem »langen Suchen nach dem wahren Glauben ein Ende setzte«. Sie verbrachte damals einen längeren Urlaub bei dem befreundeten Ehepaar Conrad-Martius in Bergzabern, einer Kleinstadt in Rheinland-Pfalz. An einem Sommerabend griff sie nach einer Lektüre im Bücherschrank ihrer Gastgeberin und stieß dabei auf die Selbstbiographie der Kirchenlehrerin der Mystik, Teresa von Avila. Das Buch fesselte sie. Sie las und las die ganze Nacht. Als sie am Morgen endlich das Buch schloß, sagte sie sich: »Das ist die Wahrheit!« Sie hatte in dieser Heiligen-Biographie ihr eigenes Lebensschicksal gelesen und erkannt: Gott ist nicht ein Gott der Philosophen und der Wissenschaft, Gott ist die Liebe, und seine Geheimnisse erschließt uns nicht der schrittweise, schlußfolgernd vorgehende Verstand, sondern die gläubig liebende Hingabe. Der suchenden Edith Stein ging bei der Lektüre der Selbstbiographie der hl. Teresa von Avila beglückend die Tatsache auf, daß das Innerste und Eigentlichste der Seele kein unbekanntes X ist, das die Wissenschaft zur Erklärung seelischer Phänomene aufstellt, »sondern etwas, was uns Menschen im Gebet und in der liebenden Hingabe aufleuchten und spürbar werden kann, wenngleich es immer geheimnisvoll bleibt«[4]: der liebende, barmherzige Gott, der uns in Jesus Christus gegenübertritt.

Tags darauf kaufte sich Edith Stein einen katholischen Katechismus und ein Schott-Meßbuch. Nachdem sie beides gründlich studiert hatte, betrat sie zum ersten Mal ein katholisches Gotteshaus, die Stadtpfarrkirche von Bergzabern. Dort feierte gerade der Geistliche Rat Breitling das heilige Meßopfer. Sie ging zu diesem Priester und bat ihn kurzerhand um die heilige Taufe. Diese wurde auf den Neujahrstag 1922 festgesetzt. Am gleichen Tag empfing sie auch den Leib des Herrn und machte von da an die tägliche Mitfeier des sakramental gegenwärtiggesetzten Kreuzesopfers Christi zum Zentrum ihres Lebens. Am Lichtmeßtag (2. Februar) 1922 empfing sie im Sakrament der Firmung die sieben Gaben und jene Früchte des Heiligen Geistes, zu denen in besonderer Weise auch Friede und Freude gehören. Tatsächlich beeindruckte Edith Stein von da an alle ihre Freunde durch die große, friedvolle Freude, die sie als Neubekehrte ausstrahlte. Die Gnade der Wiedergeburt im Heiligen Geist bewirkte in ihr, daß sie fast gleichzeitig auch den deutlichen Ruf in sich vernahm, ihr künftiges Leben ganz Gott zu weihen und der hl. Teresa in den Karmel nachzufolgen. Sie schrieb später: »Als ich am Neujahrstag 1922 die heilige Taufe empfing, dachte ich, daß dies nur die Vorbereitung zum Eintritt in den Orden sei. Aber als ich einige Monate später nach meiner Taufe zum ersten Mal meiner lieben Mutter gegenüberstand, wurde mir klar, daß sie diesem neuen Schlag vorläufig nicht gewachsen sei; sie würde zwar daran nicht sterben, aber es würde sie mit einer Verbitterung erfüllen, die ich nicht verantworten könnte.«[5]

Als Edith Stein nach ihrer Rückkehr aus Bergzabern nach Breslau ihren Angehörigen, vor allem der Mutter ihre Konversion mitteilen mußte, rechnete sie mit dem Schlimmsten, sogar mit dem Verstoßenwerden. Die jüdische Familie Stein sah ja, weil sie nur

Volksbräuche des schlesischen Katholizismus vor Augen hatte, in der katholischen Religion nur eine Art abergläubischer Sekte. Die Geschwister konnten sich ihre verehrte und überaus intelligente Schwester Edith unmöglich auf den »Knien rutschend« und die »Schuhe der Priester küssend« vorstellen. Die Liebe der Mutter aber blickte tiefer; sie fühlte, daß ihr eifernder Zorn hier nicht am Platze war, sondern daß Gott in unbegreiflicher Weise seine Hand auf ihr liebstes Kind gelegt hatte. Sie konnte hier nur weinen.

Die Jahre nach Edith Steins Konversion waren eine besonders fruchtbare Zeit des äußeren und inneren Hineinwachsens in die Kirche; dabei wollte sie möglichst schnell ihren Plan des Ordenseintrittes verwirklichen. Ihr Seelenführer, Generalvikar Schwind von Speyer aber lehnte ihre eiligen Klosterpläne vor allem aus Rücksicht auf ihre jüdische Mutter ab und verschaffte ihr zunächst einen passenden Arbeitsplatz bei den Dominikanerinnen in St. Magdalena in Speyer, die eine gute Deutschlehrerin gesucht hatten. Edith Stein unterrichtete nun acht Jahre lang am Mädchenlyzeum und an der Lehrerinnenbildungsanstalt der Speyerer Dominikanerinnen. Sie wurde dabei den Schülerinnen nicht nur eine geschätzte Lehrerin, sondern auch eine geistige Mutter, deren Liebe oft ersetzte, was den jungen Menschen im Elternhaus fehlte.

Neben ihrer beruflichen Tätigkeit blieb Edith Stein herzlich mit ihrer Familie in Breslau und mit ihrem Freundeskreis aus Göttingen und Freiburg verbunden. In den Sommerferien fuhr sie nach Breslau und versuchte den Schmerz der gläubig frommen jüdischen Mutter über ihre Konversion durch zarte Kindesliebe zu lindern.

In Speyer lebte Edith Stein wie eine Dominikanerin unter Dominikanerinnen; sie hatte bei ihnen eine geistige Heimat gefunden und legte privat sogar die drei Ordensgelübde ab. Durch den gelehrten Jesuiten P. Erich Przywara wurde sie in Speyer auch angeregt, ihr wissenschaftliches Arbeiten wieder aufzunehmen und die Briefe des großen englischen Kardinals und Konvertiten John Henry Newman und die »Quaestiones disputatae de veritate« des hl. Thomas v. Aquin ins Deutsche zu übersetzen. Was sie am hl. Thomas v. Aquin bei dieser Übersetzerarbeit besonders schätzte, war vor allem seine ehrliche Wahrheitssuche, die vor nichts zurückschreckte und keine Angst hatte, dabei auch heidnische Gelehrte der Antike wie Platon und Aristoteles zu befragen, wo deren natürliche Erkenntnis auf die ewige Wahrheit verweist. Unter der Führung des »Doctor angelicus« öffnete sich der Geist

J. M. Oesterreicher hat sich als Konzilstheologe einen Namen gemacht.

Dr. L. Adler, ehemaliger Stadtrat von Berlin, nach seiner Priesterweihe.

A. M. Cohen durchschritt den Weg vom gefeierten Künstler zum Karmeliten.

Edith Stein, die berühmte Philosophin, anno 1920 in Freiburg im Breisgau.

Lutz Löb mit seiner Familie. Von seinen acht Kindern haben sechs im Trappistenorden ihr Leben Gott geweiht, von denen sechs ihr Leben in den Gaskammern von Auschwitz-Birkenau lassen mußten. Bild unten: Sterbebildchen der sieben Märtyrer der Familie Löb.

der jüdischen Konvertitin immer mehr der »Philosophia perennis«, die ihren Niederschlag in ihrem Werk »Endliches und ewiges Sein« fand.

Als Edith Stein im Herbst 1922 ihren hochgeschätzten bisherigen Seelenführer Prälat Schwind durch Tod verlor, fand sie im Erzabt Raphael Walzer OSB von Beuron einen neuen Berater, dessen Weisungen sie mit kindlichem Gehorsam befolgte. Auch er verweigerte ihr den allzu raschen Eintritt in den Karmel, zumal er überzeugt war, daß sie in der Welt zu Großem berufen sei.

Während Edith Stein in Beuron eine Zufluchtstätte des Gebetes und der Verborgenheit suchte und fand, erweiterte sich ihr geistiger Wirkungsbereich über Deutschland hinaus, denn sie wurde jetzt immer wieder gebeten, als Fachreferentin über moderne Frauenprobleme zu sprechen. Der Schuldienst in Speyer wurde nun immer wieder durch Vortragsreisen unterbrochen; sie sprach auf den Salzburger Hochschulwochen, bei Tagungen in Ludwigshafen, Heidelberg und Zürich sowie in den großen Industriestädten des rheinisch-westfälischen Industriegebietes über die »Bedeutung der Frau im Leben der Gegenwart«; sie suchte dabei die Berufung der Frau aus allen religiösen Verzerrungen zu lösen und in ihrer Zuordnung und personalen Entscheidung vor Gott zu schildern: alle Frauenfragen suchte sie im Bild Mariens, der jungfräulichen Magd des Herrn und Mutter des Gottessohnes zu beantworten.

Edith Steins ausgedehnte Vortragstätigkeit, ihre Thomas-Übersetzung und ihre philosophische Auseinandersetzung mit der Phänomenologie bewirkten, daß sie schließlich gedrängt wurde, den Schuldienst aufzugeben und sich an einer Universität zu habilitieren. Der Katholische Deutsche Akademikerverband war stolz darauf, in ihr eine katholische Philosophin von Format in seinen Reihen zu besitzen und drängte sie zur Habilitierung. Sie versuchte diese in Freiburg im Breisgau 1931, aber vergeblich; nicht nur ihr Geschlecht, sondern auch ihre Rasse verhinderten es, denn damals stieß auf Grund des hochgespielten Antisemitismus die Dozentur und Professur eines Juden, erst recht einer jüdischen Frau, bereits auf scharfe Ablehnung. Schließlich erreichte Edith Stein im Frühling 1932 der Ruf an die Pädagogische Akademie in Münster in Westfalen.

Nur ein einziges Jahr der Wirksamkeit war ihr dort beschieden. Inmitten der wissenschaftlichen Arbeit dürstete ihre Seele nach der Ganzhingabe an Gott im Ordensstand, aber immer noch wurde ihr die Erlaubnis dazu von ihrem Seelenführer verweigert mit dem Hinweis, daß sie doch wie bisher auch in Zukunft durch hochstehende Vorträge auf den Salzburger Hochschulwochen, auf Tagungen des Kath. Akademikerverbandes und des Kath. Frauenbundes unsagbar viel für das Reich Gottes wirken könne.

Übrigens führte Edith Stein in Münster mit viel Takt und Geschick manche ihrer jüdischen Freunde zum katholischen Glauben. Dabei wandelte sie sich als große Beterin und Aszetin immer mehr in echter Verinnerlichung, so daß eine jüdische Jugendfreundin, die durch sie zur Konversion geführt worden war, von ihr aussagen konnte: »Wie hat sich doch Edith damals verändert: Wo Ehrgeiz gewesen war, da war nur noch ruhige Abgeklärtheit. Wo Egoismus gewesen war, da war nur noch Verstehen und Güte. Mit unendlicher Geduld hat sie mit mir diskutiert und getröstet über Persönliches, über Glaubensfragen, über philosophische Probleme und über alles, was uns damals bewegte.«[6)]

Was diese jüdische Jugendfreundin und Edith Stein selbst damals ganz besonders bewegte, war der immer mehr anwachsende Antisemitismus und der Beginn der Judenverfolgung. Es gingen Edith Stein bald die Augen auf für das »Holocaustum«, das die Juden und mit ihnen auch sie erwartete.

Trotz ihrer großen Vaterlandsliebe als Deutsche war sich Edith Stein auch nach ihrer Taufe immer voll Stolz ihrer jüdischen Abstammung bewußt geblieben. Sie dachte bei der beginnenden Judenverfolgung nicht etwa nur egoistisch an sich, sie dachte an ihr Volk und an die Vielen, die von der brutalen Hand des Rassenhasses ergriffen und vielleicht vernichtet würden. Sie fürchtete vor allem für ihre jüdischen Freunde und Angehörigen in Breslau. Einmal gestand sie dem Jesuiten P. Hans Hirschmann gegenüber: »Sie glauben nicht, was es für mich bedeutet, Tochter des auserwählten Volkes zu sein, nicht nur geistig, sondern auch blutmäßig zu Christus zu gehören.«[7)]

Sehr bald überstürzten sich im Dritten Reich die Ereignisse. Der zur Macht gekommene Nationalsozialismus machte aus seinem Judenhaß kein Hehl mehr. Viele Juden wurden über Nacht stellungslos, es kam schon bald zu Gewaltakten gegen schuldlose jüdische Menschen. In dieser Situation wollte Edith Stein die durch ihre Zugehörigkeit vielleicht bald in Existenznot geratende Katholische Pädagogische Akademie in Münster nicht gefährden. Nach vielem Gebet um Klarheit bezüglich ihrer Zukunft beschloß sie, ihre Tätigkeit in Münster aufzugeben und nun ihren Wunsch, im Karmel Gott in der Ganzhingabe zu dienen, zu verwirklichen. Sie erhielt sowohl von Erzabt Raphael Walzer, als auch von der Priorin des Karmels in Köln-Lindenthal die Erlaubnis zum Eintritt.

Mit 42 Jahren fand sie sich dort einer Schar von Mitnovizinnen beigesellt, die um zwanzig Jahre jünger waren und denen alles viel leichter fiel als ihr, der Spätberufenen, in all dem, was der Karmel seinen Schwestern abverlangen muß. Aber sie fügte sich demütig und gehorsam und wuchs in den Geist des Karmels sehr rasch und gut hinein.

Bei der Einkleidung am 15. April 1934 erhielt sie auf eigenen Wunsch den Namen »Sr. Teresia Benedicta a cruce«, »die vom Kreuz gesegnete Teresia«. In diesem Namen wollte sie ihre Verbundenheit mit dem teresianischen Geist des Karmels und ihre Dankbarkeit gegenüber den Benediktinern von Beuron und dem Erzabt Raphael Walzer und dessen segensreicher, kluger Seelenführung zum Ausdruck bringen, aber auch ihre Liebe zum Kreuzesleiden Christi, das sie als Quelle der Erlösung aller Menschen, vor allem auch des auserwählten Volkes umfaßte. Sie hatte ja erahnt, daß nun der Schatten des Kreuzes ganz stark nicht bloß auf sie, sondern auf das ganze jüdische Volk gefallen war.

Sr. Benedicta – wie Edith Stein nun mit verkürztem Ordensnamen gerufen wurde – verbrachte ihr Noviziatsjahr in großem Eifer und ergreifender Gewissenhaftigkeit. Wie für die anderen Novizinnen wechselte ihr Tagewerk zwischen Gebetszeiten und einfachen Hausarbeiten ab. Mit Mühe und Anstrengung versuchte sie, es den Mitschwestern im Putzen, Waschen und Flicken gleichzutun. Bald aber wünschten die Vorgesetzten, daß sie auch ihre literarischen und wissenschaftlichen Fähigkeiten wieder zum Einsatz bringe. Daneben durfte sie auch wöchentlich einen Brief an die schwergeprüfte Mutter nach Breslau senden und in gewissen Grenzen auch die Beziehungen mit manchen Freunden und Ratsuchenden aus ihrem großen Bekanntenkreis aufrechterhalten.

Am 21. April 1935 konnte Sr. Benedicta ihre ersten Gelübde ablegen. Kurz nachdem sie den Schlußstrich unter ihr großes Werk »Endliches und ewiges Sein« gezogen hatte, traf sie ein großer Schmerz: Am 14. September 1936, am Fest der Kreuzerhöhung, während sie im Chor der Zeremonie der Gelübdeerneuerung beiwohnte, starb ihre greise Mutter in Breslau nach schwerem Todeskampf. Das bis zu ihrem Tod im Alter von 87 Jahren anhaltende große Leid dieser gläubigen und tapferen jüdischen Frau war die Konversion und der Ordenseintritt ihres jüngsten Kindes. Im Winter 1936 konnte Rosa Stein, Sr. Benedictas Schwester, die lang geplante Konversion vollziehen. Sr. Benedicta hatte durch einen unglücklichen Treppensturz Hand- und Fußgelenk gebrochen. So konnte sie im Krankenhaus ihrer leiblichen Schwester Rosa den letzten Konvertitenunterricht erteilen und an ihrer Taufe teilnehmen.

Im Winter 1937 übernahm Sr. Benedicta das klösterliche Amt der »Windnerin«, bei dem sie den Verkehr von der Außenwelt zum Kloster zu regeln und viele Laufereien zu bewältigen hatte. Dieses Amt bot ihr aber auch manche Gelegenheit, mit viel Güte und Hilfsbereitschaft anderen kleine Liebesdienste zu erweisen.

Am 21. April 1938 durfte Sr. Benedicta ihre ewigen Gelübde ablegen. Die Jahre von 1938 bis 1942 wurden für sie zu einer Zeit völliger Ergebung in den Willen Gottes. Sie hatte immer mehr das Furchtbare zu ahnen begonnen. In der Nacht vom 8. auf den 9. November 1938, in der beschämenden »Kristallnacht«, brach mit aller Wucht die Verfolgung über die Juden herein. Überall brannten die Synagogen. Jeder anständige Deutsche war darüber entsetzt, aber niemand wagte eine laute Anklage zu erheben, weil sie sofort in Blut und Tod erstickt worden wäre.

Als die Nachricht von dieser Schandtat in den Kölner Karmel drang, war Sr. Benedicta wie erstarrt von Schmerz; was sie jahrelang vorausgeahnt hatte, wurde jetzt grauenhafte Wirklichkeit. Erschüttert brach sie in die Klage aus: »Das ist der Schatten des Kreuzes, der auf mein Volk fällt. O wenn es doch zur Einsicht käme! Das ist die Erfüllung des Fluches, den mein Volk auf sich herabgerufen hat . . .«[7)]

Mit fieberhafter Eile bemühten sich nun die Geschwister von Sr. Benedicta, samt ihren Kindern nach Amerika auszureisen. Nur Else und Erna konnten noch zum Bruder Arno nach Amerika gelangen, Paul und Frieda aber nicht mehr. Auch das Schicksal der Schwester Rosa war vorläufig unsicher. Da Palästina die Einwanderungen sperrte, bat Mutter Teresia Renata, die Oberin im Kölner Karmel, die Karmelitinnen in der Stadt Echt im benachbarten Holland, sie möchten doch Sr. Benedicta und ihre leibliche Schwester Rosa in ihr Kloster aufnehmen.

Der Abschied von Köln am 31. Dezember 1938 fiel sowohl Sr. Benedicta als auch ihren Mitschwestern schwer. Am Silvesterabend brachte ein treuer Freund des Karmels Sr. Benedicta mit dem Auto über die holländische Grenze. In einem Brief an Baroneß Bodmann, eine Freundin aus der Speyrer-Zeit, schrieb Sr. Benedicta: »Am Silvesterabend bin ich hier (im Karmel zu Echt, Holland) angelangt. Es war für uns alle im Kölner Karmel ein schwerer Entschluß, uns zu trennen. Aber ich hatte die feste Überzeugung, daß es so der Wille Gottes sei und daß damit Schlimmeres verhütet werden könnte ... Hier bin ich mit der größten Liebe aufgenommen worden. Die guten Schwestern haben alles aufgeboten, um mir so schnell wie möglich die Einreise zu erwirken, und haben mir mit ihren Gebeten die Wege geebnet.«[8)]

In einem anderen Brief von Ende 1939 schrieb Sr. Benedicta: »Meine Grundstimmung, seit ich hier bin, ist Dankbarkeit; Dank, daß ich hier sein darf und daß das Haus so ist, wie es ist (nämlich eine Oase des Friedens). Dabei ist immer in mir lebendig, daß wir hier keine bleibende Stätte haben. Ich habe kein anderes Verlangen, als daß an mir und durch mich Gottes Wille geschehe. Bei ihm steht es, wie lange er mich hier läßt und was dann kommt ...«[9)]

Im Jahre 1940 erlebte Sr. Benedicta die große Freude, auch ihre Schwester Rosa im Karmel zu Echt geborgen zu wissen. Nach abenteuerlichen Schwierigkeiten war es ihr gelungen, über Belgien nach Holland zu fliehen. Rosa Stein diente von da an dem Karmel von Echt als treue Pförtnerin; sie erwarb sich dabei das Vertrauen der Karmelitinnen und der Bevölkerung von Echt. Gerne wäre sie als eingekleidete Pfortenschwester dem Karmeliterorden angegliedert worden, aber die Vorgesetzten wagten dies nicht mehr wegen der Situation, die für die beiden jüdischen Schwestern immer gefährlicher wurde, wie die aus Luxemburg und Deutschland kommenden Nachrichten zeigten; darin wurde gemeldet, die Nationalsozialisten hätten begonnen, einen Karmel nach dem anderen aufzulösen.

Sr. Benedicta machte sich innerlich auf das Äußerste gefaßt und schrieb: »Wir haben uns zur Klausur verpflichtet, aber Gott hat sich nicht verpflichtet, uns immer in den Klausurmauern zu lassen ... Wohl dürfen wir bitten, daß uns diese Erfahrung erspart bleibt, aber nur mit dem ernst und ehrlich gemeinten Zusatz: Nicht mein, sondern Dein Wille geschehe!«[10)]

Aus dem am 9. Juni 1939 verfaßten Testament ersieht man, daß Sr. Benedicta mit ihrem nahen Martertod rechnete: »Schon jetzt nehme ich den Tod, den Gott mir zugedacht hat, in vollkommener

Unterwerfung unter Seinen heiligsten Willen mit Freude entgegen. Ich bitte den Herrn, daß Er mein Leben und Sterben annehmen möchte zu Seiner Ehre und Verherrlichung, für alle Anliegen der heiligsten Herzen Jesu und Mariae und der heiligen Kirche, insbesondere für die Erhaltung, Heiligung und Vollendung unseres heiligen Ordens, namentlich des Kölner und des Echter Karmels, zur Sühne für den Unglauben des jüdischen Volkes, und damit der Herr von den Seinen aufgenommen werde und Sein Reich komme in Herrlichkeit, für die Rettung Deutschlands und den Frieden der Welt, schließlich für meine Angehörigen, Lebende und Tote, und für alle, die mir Gott gegeben hat: daß keines von ihnen verlorengehe.«[11)]

Als 1940 die deutsche Wehrmacht Holland, die neue Heimat der Sr. Benedicta, überfiel und besetzte, wurde es ihr bald klar, daß sie nicht mehr lang in Holland bleiben klönne, ohne den Karmel in Echt zu gefährden, denn die Judenverfolgung war längst auch auf die besetzten Gebiete ausgedehnt worden.

Während im Osten bereits Krematorien und Vergasungskammern eingerichtet wurden, um »die Judenfrage« der berüchtigten »Endlösung« zuzuführen, erhielten in Holland die Juden, darunter auch Sr. Benedicta und Rosa Stein bereits eine Vorladung nach der anderen durch die SS. Es wurde ihnen auch befohlen, an ihrer Kleidung den gelben Judenstern anzubringen.

In dieser Situation fing Sr. Benedicta an, sich um ein Visum in die Schweiz zu bemühen in der Hoffnung, in den Karmel von Le Páquier übersiedeln zu können. Sie versuchte alles, um noch auf legalem Weg Holland verlassen zu können.

Die Verschleppung der nichtchristlichen Juden in den Osten ging allmählich auch in Holland unaufhörlich weiter, zum Entsetzen der christlichen Holländer, die dagegen laut protestierten. Vor allem taten dies in sehr energischer Weise auch die katholischen Bischöfe Hollands in einem Hirtenbrief, der am 26. Juli 1942 im ganzen Land verlesen wurde.

Eine Woche nach dem Protest der holländischen Bischöfe kam die harte Reaktion der NS-Behörden: Mit einem Schlag wurden – entgegen der gemachten Zusage, daß die *christlichen* Juden unbehelligt bleiben würden – nun auch alle katholischen Juden und die jüdischen Mitglieder der holländischen Klöster verhaftet.

Der 2. August 1942 war ein Sonntag. Sr. Benedicta verbrachte ihn im Gebet und mit der Durchsicht der »Kreuzeswissenschaft«, einer Studie über Leben und Mystik des hl. Johannes vom Kreuz, an der sie im Auftrag ihrer Vorgesetzten in den letzten neun Monaten gearbeitet hatte. Um fünf Uhr nachmittags läutete die Hausglocke zur gemeinsamen Betrachtungsstunde. Da ertönte plötzlich ein Klingelzeichen an der Pforte: zwei SS-Offiziere standen da und forderten von der Priorin Sr. Antonia die sofortige Auslieferung von Sr. Benedicta und ihrer Schwester Rosa Stein. Ein schmerzliches Abschiednehmen folgte. Der Überfallwagen, der an der Straßenecke gewartet hatte, nahm die beiden Jüdinnen auf und brachte sie mit anderen in rasender Fahrt von Echt nach Roermond auf die Ortskommandantur. Von dort kamen sie in ein Sammellager in Amersfort, das die Gefangenen mitten in der Nacht erreichten. War die Behandlung durch die SS bisher höflich gewesen, so wurden nun die jüdischen Gefangenen mit Schlägen und Kolbenstößen in die Schlafsäle getrieben.

Unter den im Lager zu Amersfort gefangen gehaltenen 300 katholischen Juden befanden sich außer den beiden Schwestern Stein noch ungefähr 15 Ordensleute, darunter die fünf Geschwister Löb, die alle dem Trappistenorden angehörten, und die aus Deutschland geflüchteten Freundinnen von Sr. Benedicta: Frau Dr. Ruth Kantorowicz und Alice Reis. Die Ordensleute schlossen sich in den paar Tagen, die sie im Gefangenenlager zu Amersfort verbringen mußten, zusammen zu gemeinsamem Beten des Breviers und des Rosenkranzes. Sie betrachteten Sr. Benedicta als ihre Oberin, weil alle spürten, daß von ihr ein besonderer Einfluß ausging, um zu trösten und Mut zuzusprechen.

Die Gefangenen wurden schließlich in den Norden des Landes, in das Sammellager Westerbork verschleppt, wo sie ihr weiteres Schicksal abwarten mußten. Es folgte die leidvolle Fahrt in den Osten.

Dort endete dann für Sr. Benedicta und Rosa Stein im Konzentrationslager Auschwitz-Birkenau der Kreuzweg. Zusammen mit Millionen jüdischen Brüdern und Schwestern mußten sie ihn dort zu Ende gehen in den Gaskammern von Auschwitz-Birkenau. Als Todesdatum wurde für die beiden gerichtsnotarisch für tot erklärten Schwestern der 9. August 1942 angegeben: Im »Niederländischen Staatsanzeiger« war 1950 erklärt worden:

»Nr. 44074 Edith Teresia Hedwig Stein, geb. 12. Oktober 1891 zu Breslau, von Echt, gest. 9. August 1942 O. Nr. 44075 Rosa Maria

Agnes Adelheid Stein, geb. 13. Dezember 1883 zu Lublizitz (D.), von Echt, gest. 9. August 1942 I.«

Sr. Benedictas letztes wissenschaftliches Werk über ihren Ordensvater Johannes vom Kreuz – sie gab ihm den vielsagenden Titel »Kreuzeswissenschaft« – blieb unvollendet. Und doch hat sie es großartig vollendet, nicht in geschriebenen Worten, sondern in der zeichenhaften Ganzhingabe an den gekreuzigten und auferstandenen Messias und in der Verwirklichung dessen, was sie kurz zusammengefaßt in der »Kreuzeswissenschaft«[12)] so formuliert hatte: »Die bräutliche Vereinigung der Seele mit Gott ist das Ziel, für das sie geschaffen ist; erkauft durch das Kreuz, vollzogen am Kreuz und für alle Ewigkeit mit dem Kreuz besiegelt.«

In die Kreuzesmystik, in welche Edith Stein immer mehr hineinwuchs, nahm sie auch eine wachsende Liebe und Verehrung zu jener mit hinein[13)], die unter dem Kreuz und zum Kreuz ihres göttlichen Sohnes stand. Sie hat nach ihrer Konversion und erst recht nach ihrem Eintritt in den Karmel ihre zarte Liebe zu ihrer irdischen Mutter, einer strenggläubigen Jüdin, auf Maria übertragen, so daß Zeugen im Seligsprechungsprozeß folgende Aussagen machen konnten: »In kindlicher Liebe war Edith Stein überzeugt, die Gnade ihrer Bekehrung und ihres Ordensberufes der Fürbitte Mariens zu verdanken. Sie selbst stellte sich jeden Tag aufs neue unter ihren Schutz und riet denen, die in Anliegen oder seelischen Prüfungen sich ihr anvertrauten, gern, vertrauensvoll ihre Zuflucht zur seligsten Jungfrau zu nehmen.« – »Edith Steins jungfräuliche Mütterlichkeit hatte Maria, die Magd des Herrn, zum Vorbild. Sie liebte und verehrte die Mutter Christi als ihre Mutter. In ihr sah sie die Verkörperung des Frauenideals, dem sie aus allen Kräften ihres Wesens entgegenwuchs. Diese große Liebe zur Gottesmutter, zur Schmerzensmutter, nährte und pflegte sie bei anderen, vor allem aber zu allererst bei sich selbst.« – »Sie können nicht nachfühlen, was es für mich bedeutet, daß die Gottesmutter eine Jüdin war.«

Ihrer Liebe zu Maria gab Edith Stein auch ergreifenden Ausdruck in drei Gebeten, die uns überliefert sind. Das eine stammt aus der Zeit ihres Noviziates im Kölner Karmel: »O meine geliebte Mutter, Dir hat der Herr Geheimnisse seines Reiches anvertraut, Dir seinen mystischen Leib übergeben. Dein Blick überschaut alle Zeiten, Du kennst jedes Glied, weißt seine Aufgabe und suchst es dahin zu lenken. Ich danke Dir, daß Du mich berufen hast, ehe ich noch wußte, daß der Ruf von Dir kommt. Ich weiß nicht, was Du mit mir vorhast. Aber ich betrachte es als eine große, unverdiente Gnade, daß Du mich als Dein Werkzeug erwählt hast. Ich möchte mich wie ein gefügiges Werkzeug in Deine Hände geben. Ich vertraue auf Dich, daß Du das stumpfe Werkzeug tauglich machen wirst!« Das zweite Gebet stammt aus der Zeit vor Ablegung der ersten Gelübde: »Heiligste Jungfrau Maria vom Berge Karmel, meine Königin und meine Mutter, in Deine Hände lege ich meine heiligen Gelübde und übergebe mich Dir ganz als Deine Sklavin. Schenke mich Deinem lieben Sohn und bitte ihn, daß Er das Opfer meines Lebens in sein Kreuzopfer hineinnehme zur Verherrlichung des Vaters!« Das dritte Gebet verfaßte Edith Stein am Karfreitag 1938 als Nachklang zu den Worten »Juxta crucem tecum stare« im »Stabat mater« des seligen Jacopone da Todi: »Heut' hab' ich unterm Kreuz mit Dir gestanden / und hab' so deutlich wie noch nie empfunden, / daß unterm Kreuz Du unsre Mutter worden. / Wie sorgt schon einer ird'schen Mutter Treue, / des Sohnes letzten Willen zu erfüllen. / Du aber warst des Herren Magd. / Des menschgeword'nen Gottes Sein und Leben / war Deinem Sein und Leben restlos eingeschrieben. / So hast die Deinen Du ins Herz genommen, / und mit dem Herzblut Deiner bittren Schmerzen / hast jeder Seele neues Leben Du erkauft. / Du kennst uns alle: unsre Wunden, unsre Schäden, / kennst auch den Himmelsglanz, den Deines Sohnes Liebe / um uns ergießen möchte in der ewigen Klarheit. / So lenkst Du sorgsam unsre Schritte, / kein Preis ist Dir zu hoch, um uns ans Ziel zu führen. / Doch die Du auserwählst, Dir zum Geleite, / Dich zu umgeben einst am ew'gen Thron, / sie müssen hier mit Dir zum Kreuze stehn, / sie müssen mit dem Herzblut bitt'rer Schmerzen / der teuren Seelen Himmelsglanz erkaufen, die ihnen Gottes Sohn als Erbe anvertraut.«[13)]

[1] Von den verschiedenen Büchern über Edith Stein seien vor allem genannt: Teresia Renata de Spiritu Sancto OCD, Edith Stein – Schwester Teresia Benedicta a cruce, Philosophin und Karmelitin, Ein Lebensbild, gewonnen aus Erinnerungen und Briefen, 7. Aufl., Nürnberg 1954; Maria Baptista a Spiritu Sancto OCD, Edith Stein, Kaldenkirchen 1962; Willehardt Eckert OP, Edith Stein – Der Opfergang einer großen Jüdin und Deutschen, Freiburg i. Br. 1959; Maria Bienias, Das Lebensopfer der Karmelitin Edith Stein, Stuttgart 1961; Hilda Graef, Leben unter dem Kreuz. Eine Studie über Edith Stein, Frankfurt a. M. 1954; Waltraud Herbstrich, Das wahre Gesicht Edith Steins, 3. Aufl., Bergen-Enkheim bei Frankfurt am Main 1971. Wir halten uns im folgenden vor allem – teilweise wörtlich – an diese Biographie, von der die Schwester Edith Steins, Frau Dr. Erna Biberstein (New York) im Geleitwort bekannte, daß sie eine der besten Biographien sei.

[2] Edith Stein, Aus dem Leben einer jüdischen Familie, Manuskript aus dem Jahre 1933, S. 25. Dieses Werk Edith Steins »Aus dem Leben einer jüdischen Familie« wurde 1985 als Band VII der Werke der neuen Seligen von L. Gelber und P. R. Leuven OCD im Verlag Herder Freiburg i. Br. herausgegeben. Der erste Teil dieser Autobiographie Edith Steins enthält erstmals vollständig und unverkürzt ihre Aufzeichnungen, die bisher aus testamentarischen Gründen nicht publiziert werden konnten. Dabei werden Erinnerungen ihrer Mutter, die Entwicklung ihrer Geschwister, Sorgen und Zerwürfnisse in der Familie geschildert, ebenso der eigene Werdegang bis zum Abitur, zum Studium in Breslau und Göttingen; die Aufzeichnungen enden im Mai 1935, kurz nach Edith Steins erster Profeß als Unbeschuhte Karmelitin.

[3] vgl. Sr. Teresia Renata de Spiritu Sancto, Edith Stein, Lebensbild, S. 54.

[4] vgl. Edith Stein, Die Seelenburg, Anhang I ui: Endliches und Ewiges Sein, S. 43.

[5] vgl. W. Herbstrich, Das wahre Gesicht Edith Steins, S. 60.

[6] vgl. W. Herbstrich, a. a. O., S. 105.

[7] vgl. Sr. Teresia Renata de Spiritu Sancto, a. a. O., S. 211.

[8] vgl. Briefe von Edith Stein, Bd. IV: Briefe an verschiedene Personen, S. 65 (unveröffentlicht im Archiv des Kölner Karmels).

[9] vgl. Briefe von Edith Stein, Bd. III: Briefe an Mater Petra, S. 30.

[10] vgl. W. Herbstrich, a. a. O., S. 168.

[11] vgl. W. Herbstrich, a. a. O., S. 167.

[12] vgl. Edith Stein, Kreuzeswissenschaft, Studie über Johannes vom Kreuz (2. Aufl., Freiburg i. Br. 1954), S. 241.

[13] Die folgenden Ausführungen wurden einem Vortrag von Dr. Adolfine Treiber, Schriftleiterin des »Bote von Fatima«, über die »Marienverehrung von Edith Stein« entnommen.

8. Lutz Löb († 1936) und seine fünf Kinder († 1942)

Ein vorbildlicher, heiligmäßiger Katholik und Vater von acht Kindern, von denen sechs als Angehörige des Trappistenordens ihr Leben Gott weihten und sechs davon in den Gaskammern in Auschwitz-Birkenau ihr Leben lassen mußten, ist Lutz Löb, der als Sohn einer angesehenen, ursprünglich in Köln beheimateten, aber nach Holland übersiedelten jüdischen Familie geboren und in einer liberalen jüdischen Umgebung aufgewachsen ist. Als er sich an der Technischen Hochschule in Delft dem Studium der Bergbaukunde widmete, hatte er seinen jüdischen Gottesglauben vollständig eingebüßt.

Im Interesse seines bevorstehenden Schlußexamens besuchte der junge Technik-Student eines Tages den Repetitor D. Beckman. Da ihn dieser nicht sofort empfangen konnte, griff er beim Warten im Vorzimmer nach dem aufliegenden Büchlein des Jesuiten Van der Hagen »Was ist die wahre Kirche Christi?«. Er las darin zunächst ohne jede echte Interessiertheit. Die sichere Art im Stil des Verfassers hinterließ jedoch einen tieferen Eindruck, als sich der Student dessen anfangs bewußt war. Fast unmerklich war in ihm nun das Interesse für religiöse Fragen erwacht. So vertiefte er sich dann in das Werk von P. Peter Roh SJ »Was ist Christus?« und in die apologetischen Werke des Konvertiten P. Ludwig v. Hammerstein SJ.

Die frühere Geringschätzung des katholischen Glaubens wurde dadurch allmählich in eine wohlwollende Neutralität gewandelt. Die Lektüre des Neuen Testaments, vor allem der Evangelien, wurden dann dem jüdischen Akademiker zum Beweis für die Echtheit der aus dem Judentum hervorgegangenen Kirche. Er bekannte u. a.: »Am meisten überraschte und überzeugte mich die Lesung von der Feier des Letzten Abendmahls Jesu am Vorabend von Ostern. Denn was Jesus hier tat, hatte ich jahrelang am 14. Nisan im Elternhaus miterlebt: Das ganze Haus war gereinigt, im schönsten Zimmer wurde die Festtafel gedeckt, in deren Mitte sich die große ›Seder-Schüssel‹ mit dem Lamm befand, das in Erinnerung an den Auszug aus Ägypten hastig verzehrt werden mußte.« Bald zählte Lutz Löb zu den eifrigsten Teilnehmern an den Bibelabenden für katholische Studenten, die der Jesuit Erman leitete.

Jenny van Gelder, die holländische Braut des jungen Technikers Löb, die einer kunstsinnigen jüdischen Familie aus Amsterdam entstammte und am dortigen Konservatorium studierte, war über den weltanschaulichen Wandel ihres Freundes überrascht; sie hatte persönlich nie daran gedacht, sich vom jüdischen Glauben zu verabschieden und dem christlichen zu nähern. Aber auch sie kam diesem durch die Lektüre der Bücher, die ihr ihr Freund vermittelte, immer näher. Schließlich entschlossen sich die beiden Verlobten, die Aufnahme in die katholische Kirche zu erbitten. Kurz vor ihrer Eheschließung empfingen beide am 10. Oktober 1906 die heilige Taufe.

Bald darauf wurde dem jungen Bergbau-Ingenieur eine Anstellung bei den Ombiliwerken auf Sumatra angeboten. Die beiden Konvertiten erhofften von der neuen Umgebung eine vom katholischen Glauben stärker durchtränkte Atmosphäre. Sie wurden aber in ihrer Erwartung enttäuscht, denn der Katholizismus auf Sumatra stand damals noch auf einem niedrigen Niveau. In diesen Verhältnissen war es nicht leicht, den acht Kindern, die Gott ihnen in der Zeit von März 1908 bis Dezember 1918 schenkte, eine katholische Erziehung angedeihen zu lassen.

In der Sorge um die heranwachsende Kinderschar ließ sich Lutz Löb 1919 überreden, für ein niederländisches Unternehmen den Betrieb eines Kohlenbergwerkes auf Spitzbergen zu organisieren. Die nach dem Ersten Weltkrieg veränderten wirtschaftlichen Verhältnisse zwangen jedoch die Gesellschaft, das Unternehmen auf Spitzbergen aufzugeben.

Nun übernahm Lutz Löb an der Oberrealschule in Bergen op Zoom eine Stelle als Lehrer. Hier brachte die neue Umgebung die ersehnte katholische Luft und damit große Erleichterung in der religiösen Erziehung der Kinder.

In der großen Familie von Studienrat Lutz Löb herrschte bald ein echt katholischer Geist mit kerniger Frömmigkeit und heiterer Fröhlichkeit, die auf alle Freunde und Bekannten ansteckend wirkten.

Der Lehrer Lutz Löb stand im Ort bald im Mittelpunkt der katholischen Jugendbewegung. Er stellte sich ganz in deren Dienst. Dabei blieb nicht verborgen, wie Lutz Löb neben seinem apostolischen Einsatz ein überaus gottverbundenes, ja heiligmäßiges Leben führte; heiligmäßig war dann auch die heroische Geduld, mit der er seine Todeskrankheit klaglos ertrug.

Wenige Augenblicke vor seinem Tod äußerte er den Wunsch, auf der bloßen Erde liegend sterben zu dürfen gemäß dem Brauch der Trappisten, in deren Abtei er jährlich Exerzitien gemacht hatte. Er hatte auch gewünscht, wie die Armen der Stadt beerdigt zu werden. Aber es war nicht zu verhindern, daß ihn die halbe Stadt auf seinem letzten Weg begleitete.

Wenige Wochen nach Lutz Löbs 1936 erfolgtem Tod feierte sein ältester Sohn als Trappist das erste hl. Meßopfer. Kurz nach der Primiz des zweiten Sohnes rief der Herr 1938 auch die Mutter dieser gesegneten Familie, die Judenkonvertitin Jenny Löb, in das ewige Reich heim.

Lutz Löb, der fromme Judenkonvertit, hatte sich Jahr für Jahr in die Trappistenabtei Koningshoeven zurückgezogen, um in achttägigen Exerzitien sein geistliches Leben zu vertiefen. Das strenge Ordensleben mit der Ganzhingabe an Gott stand ihm als ein großes Ideal vor Augen, das er als Familienvater nicht erreichen konnte. Was für ihn unerreichbar blieb – im Gegensatz zu dem jüdischen Konvertiten und Familienvater Dr. Leonhard Maria Adler – das hat er sechs seiner Kinder, die als Märtyrer gestorben sind, erfleht: Zwei Söhne, Georg (P. Ignatius) und Ernst (P. Nivardus) wurden Trappisten-Ordenspriester in der Abtei Koningshoeven; ein dritter Sohn, Robert, wurde in derselben Trappistenabtei Laienbruder; alle drei waren regeltreue Ordensmänner, nach Temperament und Charakter sehr verschieden, aber alle insgesamt einem Leben der Buße, der Selbstverleugnung, der Arbeit und dem Gebet hingegeben.

Demselben Ordensideal verpflichteten sich auch drei Töchter des Lehrers Lutz Löb: Die 19jährige Lina erhielt bei der Einkleidung am 4. November 1928 den Ordensnamen Sr. Hedwigis; sie war die erste Kandidatin des neu gegründeten Trappistinnenklosters Koningsoord bei Berkel-Enschot; sie wollte sich dort – wie sie einer vertrauten Freundin ausdrücklich erklärte – »für die Bekehrung der Juden opfern«. Die beiden Zwillingsschwestern Door-Theodora (Sr. Maria-Theresia) und Wies-Luise (Sr. Veronika) folgten 1929 und 1930 ihrer älteren Schwester nach. Beide zeichneten sich durch echte Frömmigkeit, glühende Marienliebe und große Opferbereitschaft aus.

Die drei Ordensmänner, P. Ignatius Löb, P. Nivardus Löb und Bruder Linus sowie zwei der drei Ordensschwestern, Sr. Hedwigis und Sr. Maria-Theresia, wurden bei der nationalsozialistischen

Judenverfolgung in Holland am 2. August 1942 gefangengenommen und zusammen mit vielen getauften Juden Hollands – darunter auch Sr. Theresia Benedicta a cruce (Edith Stein) – nach Auschwitz-Birkenau deportiert und dort vergast. An diesem Tag – es war Herz-Jesu-Freitag – hatte ihre Deportation nach Polen begonnen. Benedicta Maria Kempner erzählt in ihrem Buch »Nonnen unter dem Hakenkreuz« folgendes: »In dem großen Prozeß in München im Jahre 1967, bei dem es um die Ermordung von Edith Stein und Anne Frank ging, die Symbole für die hunderttausend in den Gaskammern umgekommenen Juden und ›Nichtarier‹ aus Holland sind, schilderte mein Mann, der Nebenkläger Dr. Robert M. W. Kempner, den Hergang der Verhaftung der Trappistinnen so: ›Unterdessen wurde mit tobender Ungeduld an die Klausurtür gehämmert. Als sie sich öffnete, bot sich den Gestapoleuten ein ergreifendes Bild: die beiden Trappistenschwestern knieten im weißen Ordenskleid vor ihrer Mutter Äbtissin, um ihren Segen und ihre letzte Umarmung zu empfangen. Als sie sich erhoben und einer der Männer die freudig leuchtenden Gesichter wahrnahm, tat er den erstaunten Ausruf: ›Sie sehen ja aus, als ob wir Sie zu einem Fest führen!?‹ – ›O ja‹, wurde ihm geantwortet, ›sie können uns nur behilflich sein, früher in den Himmel zu kommen . . .‹ Als das Gefängnisauto Koningshoeven erreichte, eilte Sr. Hedwigis dem Vater Abt entgegen mit den Worten: ›Ehrwürdiger Vater, wir sind auf dem Weg zum Himmel!‹ Sie kannten sonst nur die eine Begrüßung: ›Memento mori!‹«[1)]

Sr. Veronika Löb war nach der Verhaftung im Lager Westerbork festgehalten worden, damit sie dort die Kinder des Lagers überwache. Aus unbekannten Gründen wurde sie nach acht Tagen entlassen und durfte in ihr Kloster zurückkehren. Sie starb – durch schwere Opfer und Leiden geläutert – in ihrem Kloster am 1. August 1944.

Der Jüngste der jüdischen Konvertitenfamilie Löb, der Laie Hans Löb, war wenige Tage nach seinen Trappistengeschwistern ebenfalls verhaftet, nach Deutschland deportiert und zur Zwangsarbeit in der schlesischen Eisenindustrie verurteilt worden. Beim Näherrücken der Russen am Ende des Zweiten Weltkrieges wurde er in den Westen transportiert. Unterwegs erfroren ihm beide Füße. Im Konzentrationslager Buchenwald erlag er am 20. Februar 1945 seinen schweren Leiden, erst 21 Jahr alt. Paula, die letzte Tochter der Familie Löb, konnte der Verfolgung entgehen, weil sie in jenen gefahrvollen Jahren ganz versteckt und völlig von der Außenwelt abgeschnitten lebte.

Die Schwestern in der Trappistinnenabtei Maria-Frieden (Dahlem / Eifel), einer Abtei, die nach dem Zweiten Weltkrieg auf dem Boden einer sogenannten NS-Schäferei – einst eine kleine »Hochburg« nationalsozialistischer Größen – gegründet und von Schwestern aus der holländischen Abtei Koningshoeven, in der die Schwestern Löb gelebt hatten, besiedelt worden ist, wollten die Erinnerung an den heiligmäßigen Judenkonvertiten Lutz Löb und seine sechs Märtyrer-Kinder wachhalten und haben diese jüdische Konvertiten-Familie in einer kleinen Gedenkschrift unter dem schönen Titel »Sieben christliche Makkabäer« geschildert.[2] Neben der neuen Seligen Edith Stein sollten diese sechs Angehörigen des Trappistenordens, die ebenfalls ihr Leben lassen mußten wegen ihrer Treue zum katholischen Ordensideal und wegen ihrer Zugehörigkeit zum jüdischen Volk, nicht übersehen und vergessen werden. Sie hatten nicht bloß eine Mutter nach dem Vorbild der tapferen makkabäischen Mutter (vgl. 2 Makk. 7,1 - 42), sondern auch einen vorbildlichen Vater wie der Makkabäer Mattatias (vgl. 1 Makk. 2,1 - 28).

1) vgl. Benedicta M. Kempner, Nonnen unter dem Hakenkreuz, (Würzburg 1979), S. 75–76.

2) Sieben christliche Makkabäer, Trappistinnenabtei Maria-Frieden, Dahlem / Eifel 1979, und Leutesdorf / Rhein 1964.

9. Lisa Maria Meirowsky († 9. August 1942)

Diese Judenkonvertitin und Märtyrin[1] wurde in Köln als Tochter des Universitätsprofessors Dr. Emil Meirowsky geboren, der als Dermatologe in Köln einen Namen hatte und bis zur Entfernung der Juden aus hohen Ämtern durch die nationalsozialistischen Machthaber Vorsitzender des Kölner Ärztevereins war. Diese aufgeschlossene und begabte Arztenstochter hat in der letzten Klasse des Gymnasiums nach einem soliden Konvertitenunterricht bei dem bekannten Bonner Theologieprofessor Wilhelm Neuß die Taufe empfangen und hat dann ihren katholischen Glauben ganz ernst genommen, so wie sie auch das Medizinstudium ernst nahm und eine tüchtige Kinderärztin wurde. In Rom hat sie zu ihrem deutschen noch den italienischen Dr. med. erworben.

In Rom lernte sie der bekannte Kämpfer für den Frieden, der Dominikaner P. Franziskus Stratmann als eine kindlich fromme Seele kennen, die an Glaube, Hoffnung und Liebe viele Katholiken, die von Kindheit an im wahren Glauben standen, weit übertraf. Frau Dr. Lisa Maria Meirowsky beschloß, mit P. Franziskus Stratmann zusammen nach dem Ende der Naziherrschaft eine Dominikanerinnenkongregation für den »Frieden Christi im Reiche Christi« zu gründen. Im Herbst 1938 ging sie mit P. Stratmann zusammen von Rom nach Utrecht, um dort im Hilfswerk für jüdische Flüchtlinge, das Universitätsprofessor Schmutzer gegründet hatte, mitzuarbeiten. Als der Krieg 1940 nach Holland übergriff, fand sie einen Schlupfwinkel im Trappistinnenkloster Berkel-Enschot (Brabant), wo sie ganz bescheiden als Pförtnerin Dienste tat. Aber keine Klostermauer war damals dicht genug, um vor den Henkershänden der braunen Machthaber Schutz zu bieten.

Die mutigen holländischen und belgischen Bischöfe, an ihrer Spitze der Mechelner Erzbischof Kardinal Van Roy, hatten nicht nur gegen den Raub der Kirchenglocken in einem Hirtenbrief vor der ganzen Weltöffentlichkeit schärfstens protestiert und allen Katholiken jede Mitwirkung dabei verboten, sondern hatten sich ebenso scharf auch gegen die Judenverfolgung gewandt.[2] Brutal wurden daraufhin katholische Ordensleute jüdischer Herkunft aus ihren Klöstern gerissen und in den Vernichtungslagern umgebracht.

Lisa Maria Meirowsky war damals noch keine Ordensschwester, nur Drittordensmitglied, aber im Pfortendienst des Trappistinnen-

Papst Johannes Paul II. umarmt den Oberrabbiner von Rom, Elio Toaff, anläßlich seines Besuches in der Synagoge von Rom, der ältesten jüdischen Gemeinde im Westen.

Bruno Rothschild, bekannt mit Edith Stein, als junger Mann anno 1927.

Raphael Simon aus New York wurde Psychiater und Zisterziensermönch.

A. Ratisbonne, Advokat, Bankier, zuletzt Ordensgründer, in Jerusalem.

F. M. Libermann aus dem Elsaß wurde ein heiligmäßiger Ordensgründer.

klosters in Enschot tätig. Sie wurde zusammen mit zwei jüdischen Schwestern dieses Ordens am 2. August 1942 durch die Gestapo verschleppt. Am Fest der Verklärung Christi, 6. August 1942, schrieb sie an ihren damaligen Beichtvater P. Frehe OP ihren letzten, rasch mit Bleistift hingeworfenen Brief, der folgenden Wortlaut hat:[3)]

»Sie wissen, lieber Pater, daß wir hier (im Sammellager Amersfort) sind und die Verschickung nach Polen abwarten: Morgen vormittag (7. August 1942) geht es weiter . . . Ich weiß, guter Pater, daß Sie alles von Herzen mit mir und mit uns allen miterleben. Mit mir sind zwei Trappistinnen, zwei Trappisten-Patres und ein Trappisten-Laienbruder aus der jüdischen Familie Löb und Sr. Judith (jüdische Dominikanerin spanischer Herkunft) hier, ebenso die Karmelitin Edith Stein aus Echt. Ich will Ihnen einen letzten Gruß senden und Ihnen sagen, daß ich voll Vertrauen und ganz ergeben in Gottes heiligen Willen bin. Ja mehr noch: Ich betrachte es als eine Gnade und Auserwählung, unter diesen Umständen wegzumüssen, um so einzustehen für das Wort unserer Väter und Hirten in Christus. Ist unser Leiden ein wenig größer geworden, dann ist auch die Gnade Gottes doppelt so groß, und eine herrliche Krone ist uns bereitet im Himmel. Freuen Sie sich mit mir, ich gehe mit Mut und Vertrauen und Freude – auch die Ordensschwestern, die mit mir sind – wir dürfen Zeugnis ablegen für Jesus und mit unseren Bischöfen zeugen für die Wahrheit. Wir gehen als Kinder unserer Mutter, der heiligen Kirche. Unsere Leiden wollen wir vereinigen mit den Leiden unseres Königs, Erlösers und Bräutigams, sie aufopfern für die Bekehrung vieler, für die Juden; auch für die, die uns verfolgen, und so vor allem beitragen für den Frieden im Reiche Christi. Falls ich es nicht überlebe, werden Sie, lieber Pater, wohl die Güte haben, später an meine geliebten Eltern und Brüder zu schreiben und ihnen zu sagen, daß das Opfer meines Lebens für sie ist. Möge Gott ihnen das Licht des Glaubens geben, ewiges und zeitliches Glück, wenn es Sein Wille ist. Übermitteln Sie ihnen allen meine Liebe und Dankbarkeit, und daß ich sie um Verzeihung bitte für alles Verkehrte und das Leid, das ich ihnen vielleicht antat. Erzählen Sie ihnen auch, daß die Schwestern meiner Mutter und die Zwillingsschwester meines Vaters voll Glaube und Vertrauen und Ergebung in die Lager von Polen gegangen sind. Grüßen Sie auch meine Schwägerin und meine kleinen Nichtchen, ich bete von ganzem Herzen für ihre Seelen. Ich brauche Ihnen, lieber Pater, nicht viel zu sagen über meinen geistlichen Vater P. Franziskus Stratmann. Er wird ruhig sein, wenn er hört, daß ich froh bin, dieses schöne Opfer zu bringen, daß ich im voraus alles annehme, was noch an Leiden kommen mag und es als Brandopfer der Liebe aufopfere an die heiligste Dreifaltigkeit, um in Vereinigung mit Jesus, meinem Erlöser und Bräutigam, anzubeten, zu loben und zu danken für alle Gnaden, zu büßen für alle unsere Sünden und die der anderen und ein seliges Ende zu erflehen für uns und alle, denen Gott es geben will; für den Frieden mit Gott, den Frieden auf Erden und für die Ausbreitung des Reiches Jesu durch Maria. Sagen Sie diesem guten, lieben Vater, daß er nicht betrübt sein soll, sondern im Gegenteil Gott mit mir danken soll für die Auserwählung und mit mir ein jubelndes Magnificat singen soll. Das Werk, das wir zusammen begonnen haben (die Gründung einer Dominikanerinnenkongregation für den Frieden Christi im Reiche Christi), wird kommen, wann, wo und wie Gott es will; und ich werde auf diese Weise am eifrigsten und besten mitwirken, entweder durch mein geringes Leiden – und das ist doch nichts im Vergleich zur Ewigkeit von Glück, das uns erwartet – oder dadurch, daß ich von drüben her ihm immer helfen und neben ihm stehen werde. Nun haben wir nicht einmal die hl. Messe und Kommunion, das ist das Schlimmste. Aber wenn Jesus es nicht will, will ich es auch nicht. Er wohnt in meinem Herzen und geht mit uns und gibt uns Kraft. Er ist meine Kraft und mein Friede.

In Jesus und Maria – Ihre Sr. Maria Magdalena Dominika.«

Soweit dieser ergreifende Brief der Ärztin Lisa Maria Meirowsky, die sich als Dritt-Ordens-Mitglied im Dritten Orden des hl. Dominikus Sr. Maria Magdalena Dominika nannte. Wenn man anläßlich der Seligsprechung von Edith Stein am Anfang des Monats Mai 1987 ganz besonders an diese Judenkonvertitin und Märtyrin denkt, sollte man auf jene anderen gottergebenen Judenkonvertitinnen und Märtyrinnen nicht vergessen, die zusammen mit der neuen Seligen den Transport nach Auschwitz-Birkenau mitmachen mußten und am 9. August 1942 in gleicher Haltung und in heroischer Tapferkeit, im festen Glauben an Christus, den Messias, und an sein Kommen in Herrlichkeit das Lebensopfer gebracht haben wie die Trappistinnen aus der Familie Löb und wie die Ärztin Lisa Maria Meirowsky.

[1] Über diese Judenkonvertitin und Märtyrin schrieb ganz kurz Benedicta M. Kempner, Nonnen unter dem Hakenkreuz (Würzburg 1979), und P. Franziskus Stratmann in: Christ in der Gegenwart, 19. Jg., Nr. 36, 3. September 1967, S. 286–287.

[2] vgl. Fr. Stratmann OP, In der Verbannung, Frankfurt am Main 1962.

[3] Der Brief ist abgedruckt im Artikel »Eine Todesgefährtin Edith Steins« von P. Franziskus Stratmann, in: Christ in der Gegenwart, 19. Jg., Nr. 36, S. 286–287.

10. Wolfgang Rosenbaum
(† 30. September 1942)

Die lebhafte Diskussion, die ein aus dem Judentum gekommener deutscher Franziskaner-Laienbruder eines Tages im niederländischen Gefangenenlager mit jüdischen Schicksalsgenossen geführt hatte, gipfelte in der gläubigen Feststellung aus seinem Mund: »Der Messias ist schon da; der Messias heißt Jesus Christus: Wartet auf keinen anderen!«

Dieser junge Laienbruder wurde am 27. Mai 1915 als Sohn des jüdischen Textilkaufmanns Louis Rosenbaum und dessen Frau Elli, geb. Markus, in Witten (Westfalen) geboren[1)] und nach der Beschneidung mit dem Namen Fritz Rosenbaum in das Geburtsregister eingetragen. Der Junge besuchte vier Jahre lang in seiner Heimatstadt die Grundschule und begann dann 1926 am dortigen Realgymnasium das Studium, das er aber nach vier Jahren abbrechen mußte, weil sein Vater verlangte, daß er in seiner Firma die kaufmännische Lehre beginne.

Fritz Rosenbaums bester Schulkamerad war ein katholischer Nachbarsjunge; ein Hausfreund der Familie Rosenbaum war der katholische Postamtmann Zurhast. Wort und Beispiel dieser Katholiken mögen der äußerlich feststellbare Anlaß gewesen sein, daß Fritz Rosenbaum dem katholischen Glauben allmählich mit wachsender Sympathie gegenübertrat. Als dann bei einer Geburtstagsfeier für Herrn Rosenbaum der Sohn den Vater fragte: »Vater, was würdest Du dazu sagen, wenn ich eines Tages katholisch würde?«, da soll Vater Rosenbaum wütend aufgesprungen sein und seinem Sohn, wohlgemerkt dem einzigen Kind der Familie Rosenbaum, die Enterbung, nach anderem Bericht sogar den Tod angedroht haben. Ohne Wissen des Vaters wurde am 15. September 1933 der achtzehnjährige Fritz Rosenbaum katholisch getauft und am 8. Oktober 1933 durch Weihbischof Baumann in Witten gefirmt. Allem Anschein nach wirkte sich die Kraft des Hl. Geistes am Gefirmten wunderbar aus; denn der Taufpriester, Pfarrer Rechmann von der St.-Franziskus-Pfarrgemeinde in Witten, versicherte später, er habe nie in seiner langen Seelsorgepraxis einen Menschen kennengelernt, der eine so persönliche Liebe zu Jesus geoffenbart habe, wie der von ihm getaufte Jude Fritz Rosenbaum.

Nach dem Tod des Vaters, der 1935 an den Folgen eines Herzinfarktes starb, wurde die religiös veranlagte Mutter – ganz sicher auf Anregung ihres Sohnes – ebenfalls katholisch.

Nach dem Tod der Mutter hat Fritz Rosenbaum dem Pfarrer Rechmann gegenüber seine Begeisterung für den hl. Franziskus und seinen Orden Ausdruck verliehen mit der Bitte, ihm beim Eintritt in diesen Orden zu helfen. Pfarrer Rechmann vermittelte ein klärendes Gespräch mit dem Provinzial der Sächsischen Franziskaner-Ordensprovinz in Werl (Westfalen). Noch bevor der Ordenseintritt möglich wurde, brach die furchtbare »Kristallnacht« (8./9. November 1938) über Deutschland herein: Fritz Rosenbaum wurde in jener Nacht brutal zusammengeschlagen. Als er seinen Verfolgern gegenüber erklärte, er sei katholisch, wurde er erst recht mißhandelt. Blutüberströmt ist er damals zur Nachtzeit heimlich von Pfarrer Rechmann versteckt worden.

Unter dem Decknamen Fritz Rensing bekam der junge Judenkonvertit die Einreise-Erlaubnis in die Niederlande, um in diesem gastlichen Land das Ordensleben im Geiste des hl. Franziskus zu beginnen. Im Kloster zu Woerden, westlich von Utrecht, wuchs Bruder Wolfgang, wie er nun hieß, immer mehr in das franziskanische Ordensideal hinein.

Als am 10. Mai 1940 die deutsche Wehrmacht die Niederlande besetzte, wurden alle Ausländer, auch Bruder Wolfgang Rosenbaum, in Schutzhaft genommen. Am 26. Juli 1942 wurde in allen holländischen Kirchen jener berühmte Hirtenbrief der Bischöfe verlesen, in welchem diese energisch gegen die Judenverfolgung protestierten. Als nazistische Antwort darauf wurden am 2. August 1942 alle konvertierten Juden, auch alle nichtarischen Ordensmitglieder, verhaftet. Auch Bruder Wolfgang blieb dies nicht erspart. Mit den bekannten jüdischen Ordensangehörigen wie Edith Stein, die Trappisten-Geschwister Löb, Sr. Lisa Maria Meirowsky u. a. wurde Bruder Wolfgang Rosenbaum nach Auschwitz verschleppt. Während für die genannten Ordensschwestern schon am 9. August 1942 in der Gaskammer des Konzentrationslager Auschwitz-Birkenau die Todesstunde schlug, starb der Sohn des hl. Franzsikus, Bruder Wolfgang Rosenbaum erst am 30. September 1942. Der stille, in sich gekehrte Judenkonvertit hat sicher dem hl. Franziskus bereiten Herzens die letzte Strophe im Sonnengesang nachgesprochen: »Sei gelobt, mein Herr, durch unseren Bruder, den leiblichen Tod. Ihm kann kein lebender Mensch entrinnen. Wehe aber denen, die in Todsünden sterben! Selig, die er in

Deinem heiligsten Willen findet. Ihnen tut der zweite Tod nichts Böses. Lobt und preiset meinen Herrn und danket Ihm und dient Ihm in großer Demut.«

Das hat Bruder Wolfgang Rosenbaum getan; denn sein einstiger Vorgesetzter im Kloster Woerden schrieb über ihn: »Er war ein Vorbild für die ganze Klostergemeinde: morgens war er stets der erste im Chor . . . Jeder, der ihn gekannt hat, ist davon überzeugt, daß er ein heiliger Ordensmann geworden war.« Überdies hat man festgestellt: »Es bestehen auffallende Zusammenhänge zwischen dem Leben des hl. Franziskus und dem des Bruder Wolfgang: Beide hatten einen Textilkaufmann zum Vater, beide mußten sich mit dem Vater auseinandersetzen wegen ihres Gewissens; beide gaben ihre Habe der Kirche. Denn in Witten wurde das Pfarrhaus und die Vikarie von dem Vermögen gebaut, das Bruder Wolfgang nach seinem Klostereintritt der Kirche geschenkt hatte.« Er hat in Armut, Keuschheit und Gehorsam das in seinem kurzen, nur 27 Jahre dauernden Erdenleben verwirklicht, was sein Ordensvater Franziskus seinen Jüngern immer wieder dringend empfohlen hat: »Den Fußspuren Christi folgen«, der gehorsam geworden ist bis in den Tod.

[1] vgl. O. Mund, Bruder Wolfgang Rosenbaum; in: C. Pohlmann, Sie widerstanden den Mächtigen (Mainz 1983), S. 91 – 100.

11. Eugen Maria Zolli
(† 2. März 1956)

Der große Papst Pius XII., der von dem Schriftsteller Rolf Hochhuth im Drama »Der Stellvertreter« völlig ungerecht verleumdet worden ist, als ob er für die Rettung der durch den Nationalsozialismus und Faschismus verfolgten Juden nichts getan, sondern im Gegenteil sie noch ihren Henkern ausgeliefert habe, ist nicht bloß mutig für die verfolgten römischen Juden eingetreten. Er hat auch viele von ihnen, u. a. den römischen Oberrabbiner Israel Zolli, in kirchlichen Gebäuden Roms verstecken lassen, um so ihr Leben zu retten. Dieser genannte Oberrabbiner hat dann zeitlebens dem Papst Pius XII. höchste Dankbarkeit erwiesen, wie sich vor allem auch an der Tatsache ablesen läßt, daß er beim Empfang der Taufe den Namen Pius' XII. annahm.

Israel Zoller[1)] wurde am 17. September 1887 in Brody im damals österreichischen Galizien (Polen) in eine jüdische Familie hineingeboren, die seit Generationen Rabbiner hervorgebracht hatte.

Wegen der Judenverfolgungen, die aus dem zaristischen Rußland über die Grenzen nach Galizien hineinreichten, kam Israel Zoller sehr jung nach Italien.

Er studierte an der Universität Florenz Literaturwissenschaft und Psychologie und ließ sich an der Rabbinerschule in Florenz zum Rabbiner ausbilden.

Im Jahre 1914 gelang es Israel Zoller, den freigewordenen Posten des Oberrabbiners in der jüdischen Gemeinde von Triest zu erlangen. Hier ließ er nach dem Ersten Weltkrieg, da Triest aus der österreichisch-ungarischen Monarchie ausgeschieden und zum italienischen Königreich geschlagen worden war, seinen Namen italianisieren; aus Zoller wurde Zolli.

Neben seiner Tätigkeit als Oberrabbiner erfüllte Israel Zolli einen Lehrauftrag für Hebräisch an der Universität Padua; diese biblische Sprache beherrschte er nämlich wie seine Muttersprache, was ihm besonders bei seinen exegetischen und bibeltheologischen Arbeiten[2)] sehr zugute kam, zumal er erspürte, was über den Wortsinn hinaus in den einzelnen hebräischen Vokabeln steckte.

Im Jahre 1940 wurde Israel Zolli Oberrabbiner der uralten jüdischen Gemeinde der Ewigen Stadt, der er nun in den harten, leidvollen Jahren des Zweiten Weltkrieges vorstand.

In dieser Zeit wurde auf Grund des Freundschaftspaktes zwischen Adolf Hitler und Benito Mussolini die Situation der Juden auch in Italien immer kritischer, besonders als die deutsche Wehrmacht nach der Absetzung Mussolinis Rom besetzt hatte und die SS-Männer entsprechend den wahnsinnigen, die Menschenwürde schwerstens verletzenden Rassengesetzen gegen die Juden zu wüten begannen. Der Oberrabbiner Zolli tat jetzt weit über seine Pflicht hinaus überaus großmütig und hilfsbereit sehr viel, um die Not seiner jüdischen Glaubensbrüder zu beheben oder wenigstens zu lindern. Er bot sich selber für seine Gemeinde als Geisel an. Schließlich aber, als die Situation immer gefährlicher wurde, gab er seinen römischen Gemeindemitgliedern den Rat, sich zu zerstreuen und sich bei verschwiegenen nichtjüdischen Freunden in Sicherheit zu bringen.

Tatsächlich sind »in den dunklen Jahren der Rassenverfolgung«, wie Papst Johannes Paul II. in seiner Ansprache am 13. April 1986 in der römischen Synagoge betont hat, »die Pforten unserer Ordenshäuser, unserer Kirchen, des Römischen Priesterseminars und der Gebäude des Heiligen Stuhls und des Vatikanstaates selbst weit geöffnet worden, um vielen, von ihren Verfolgern gehetzten Juden in Rom Zuflucht und Rettung zu bieten.«[3]

Auch der Oberrabbiner Israel Zolli tauchte damals – von Freunden hart dazu gedrängt – unter und ließ sich im Vatikan verstecken. Er blieb aber auch jetzt noch aus seinem Versteck heraus für seine Gläubigen tätig, indem er mit finanzieller Unterstützung durch den Vatikan für die riesige Summe des Sühne- und Lösegeldes aufkam, das die römischen Juden den deutschen Behörden zahlen mußten.

Als dann für Italien die Stunde der Befreiung schlug und die Kämpfe ein Ende nahmen, erschien der Oberrabbiner Zolli wieder in der Öffentlichkeit. Da sei er – so schreibt die Encyclopaedia Judaica[4] – wieder vor seine Gemeinde getreten, um neuerdings sein Amt als Oberrabbiner anzutreten, er sei aber als solcher »wegen seines unwürdigen Verhaltens in der Zeit der größten Gefahr abgelehnt worden«. Die historische Wirklichkeit aber ist eine andere: Schon zu Beginn der dreißiger Jahre hatte der Oberrabbiner Zolli seine biblischen Studien immer mehr auf die Person Jesu Christi konzentriert und war bald von aufrichtiger Bewunderung für Jesus erfüllt worden. Schon in seinem Werk »Ricerche religiose« aus dem Jahre 1932 schrieb er beispielsweise einen sehr aufschlußreichen Vergleich zwischen Job und dem Gottesknecht des sogenannten

Deutero-Jesaia (Jes. 49 – 53) nieder; dieser Gottesknecht war bereits damals für ihn Jesus Christus. Er schrieb da den Satz nieder: »Job hat über Gott nachgedacht, der Gottesknecht beim Propheten Isaia aber hat sich nach seinem Gott gesehnt und ihn geliebt, ja ganz tief und bis zur äußersten Hingabe geliebt. In dieser Gestalt des Gottesknechtes wird das menschliche Leid erhoben und verherrlicht, in Jesus Christus aber ist es vergöttlicht worden.«[5] Im Jahre 1938 hatte Zolli sein Buch »Il Nazareno« (Der Nazarener) herausgegeben, worin er für die erhabenste Gestalt des Judentums bereits eine würdige Schildung fand, auch wenn er dabei noch nicht zur letzten Erkenntnis des Persongeheimnis Jesu Christi vordrang. In der Stille seines vatikanischen Verstecks aber gelang ihm das schließlich immer vollkommener, so daß er an seinem Buch »Il Nazareno« im Geist eines Augustinus in Wort und Tat eine »Retractatio« (im Sinn einer nachträglichen Korrektur) vornehmen mußte. Er verzichtete auf sein Amt als Oberrabbiner und ließ sich am 14. Februar 1945 auf den Namen Eugen in Dankbarkeit gegenüber dem Nachfolger Petri, dem Papst Pius XII. (Eugen Pacelli), taufen. Er bekannte nun: »Vor dem staunenerregenden Bild des Gottesknechtes, wie es der Prophet geschildert hat, beuge ich meine Stirne und knie vor dem Gekreuzigten nieder. Denn hier begann das universale Reich Jesu, hier bin ich von wundersamer Liebe zu dieser vom prophetischen Seher geschilderten, unsagbar erhabenen Gestalt entflammt worden.«[6] Er reihte sich in die Reihe jener Juden ein, die von sich bekennen konnten: »Wir haben den Messias gefunden.«

Eugen Zolli dozierte fortan bis zu seinem Tod sowohl am Päpstlichen Bibelinstitut als auch an der Universität Rom die semitischen Sprachen. Die wunderbaren Wege, die Gott ihn geführt hatte, schilderte er in dem autobiographischen Werk »Before the Dawn: Autobiographical reflections« (New York 1954). Gewissermaßen sein Testament aber hinterließ Eugen Zolli in einer kommentierten italienischen Psalmenübersetzung. Bei klarem Verstand und erfüllt von tiefem Seelenfrieden unterhielt er sich mit seinen Angehörigen bis in die Sterbestunde hinein mit biblischen Begriffen und Sätzen, die ihm besonders lieb und teuer geworden waren, so vor allem mit dem Begriff »hesed«, das ihm nicht so sehr Gerechtigkeit als vielmehr Liebe in bezug auf Gott bedeutete. Friedlich schlief er am 2. März 1956 in Rom ein. Der Herr Jesus, an den er heldenhaft geglaubt hat, hat sicher den guten und getreuen Knecht in den Schoß Abrahams aufgenommen.

[1] vgl. E. Vogt SJ, In Memoriam Eugenii Zolli, in: Biblica 37 (1956), Sp. 261 – 262; G. Wood, Zolli Eugenio, in: New Catholic Encyclopaedia Vol. XIV (Washington 1967); S. D. P., Zoller (Zolli) Israel, in: Encyclopedia Judaica Vol. 16 (Jerusalem 1971), Sp. 1217 – 1218; L. I. Newman, A Chief Rabbi of Rome becomes a Catholic, A study in Fright and Spite, New York 1945; E. M. Zolli, Before the Dawn: Autobiographical reflections, New York 1954.

[2] Die wichtigsten Werke von E. M. Zolli sind: »Ricerche religiose« (Udine 1932), »Israele, Studi storico-religiosi« (Udine 1935); »Il Nazareno, Studi di esegese neotestamentaria alla luce dell'aramaico e del pensiero rabbinico« (Udine 1938); in Englisch erschienen: The Nazarener (St. Louis 1950).

[3] vgl. Papst Johannes Paul II., »Ihr seid unsere älteren Brüder«, Ansprache anläßlich des Besuches der römischen Synagoge, in: L'Osservatore Romano (deutsch) 16 (1986) Nr. 16, Beilage X, S. 9 – 10.

[4] vgl. S. D. P., Zoller Israel, in: Encyclopaedia Judaica, Vol. 16, Sp. 1217.

[5] vgl. E. M. Zolli, Ricerche religiose, Sp. 233.

[6] zitiert nach E. Vogt SJ, a. a. O., Sp. 262.

12. Raïssa Maritain, geb. Oumançoff
(† 4. November 1964)

Eine Jüdin, die es mit dem Suchen und Finden des Messias ganz ernst genommen hat, ist die Gemahlin des bedeutenden katholischen Philosophen und Erneuerers der thomistischen Metaphysik Jacques Maritain († 28. April 1973).

Raïssa Maritain, geb. Oumançoff, erblickte am 12. September 1883 in Mariupol bei Rostow am Don in Südrußland als Tochter eines jüdischen Schneidermeisters das Licht der Welt.[1)] Sie wuchs mit ihrer jüngeren Schwester Vera auf und wurde von ihren Eltern, die »wahre Israeliten gewesen sind, in denen keine Falschheit« war, zu einem ungemein lernbegierigen, edlen Menschen erzogen. Wegen ihrer Herzensgüte waren die Eltern Oumançoff so beliebt bei den russischen Mitbürgern, daß man sie stets warnte, wenn wieder einmal ein Pogrom gegen die Juden vorbereitet wurde und dann die Häuser und Geschäfte der Juden von einem aufgehetzten Pöbel geplündert wurden. Diese jüdischen Eltern waren in ihrer mosaischen Frömmigkeit voll gläubiger Erwartung des Messias.

Raïssa war ein überaus begabtes Kind, dem die Eltern Gelegenheit bieten wollten, zu studieren. Das war an den Universitäten im damaligen Rußland wegen des »Numerus clausus« für jüdische Studenten und erst recht für jüdische Studentinnen unmöglich. So faßten die Eltern den Plan, wie so viele ihrer jüdischen Mitbürger in Rußland, in die Vereinigten Staaten von Amerika zu emigrieren. In ihrem Buch »Les grandes amitiés« (Die großen Freundschaften) erzählt Raïssa, wie ihr Vater, auf dem Weg durch Europa in die Neue Welt, nach einem zufälligen Gespräch mit einem Landsmann seinen Plan änderte, sich in Paris niederließ, dort ein kleines Schneider-Atelier eröffnete und dann seine Frau, die zehnjährige Raïssa und die etwas jüngere Vera nachkommen ließ.

Raïssa, Vaters Liebling, deren Lesehunger vom Vater kunterbunt mit mannigfachem Lesestoff gestillt wurde, nachdem sie sich schnell in den französischen Schulbetrieb eingewöhnt hatte, wurde in ihrem jüdischen Gottesglauben bald stark erschüttert, zumal sie als Jüdin weder in der Schule noch außerhalb einen Religionsunterricht genießen konnte.

Das begabte Mädchen begann, kaum siebzehn Jahre alt, an der Universität der Sorbonne Vorlesungen zu hören.

Hier begegnete sie bald dem jungen Studenten Jacques Maritain, der – damals schon Lizenziat der Philosophie – dem Bekenntnis der Familie nach protestantischer Christ, religiös lau und gleichgültig, aber – wie seine jüdische Freundin – von einer ganz starken metaphysischen Unruhe getrieben war.

In dieser seelischen Verfassung entdeckten beide, die einander voll vertrauten, den zum Christentum neigenden jüdischen Philosophen Henri Bergson († 1941), der ihnen in seinen Vorlesungen am »College de France« alle Vorurteile gegen das Metaphysische entkräftete und in ihnen die Überzeugung weckte, daß die absolute Wahrheit erkannt werden kann, und zwar durch die Intuition.[2)]

Derjenige aber, der den beiden, die am 26. November 1904 geheiratet hatten, weiterhalf auf dem Weg zum voll bejahten Christentum, das war der »Pilgrim des Absoluten«, Léon Bloy[3)], mit seiner Frau Jeanne Bloy-Molbech.

Raïssa und Jaques Maritain sahen in Léon Bloy erstmalig einen wahrhaftigen Christen leben und handeln, ganz einfach und schlicht, aber absolut echt. Zwischen ihm und den beiden Maritain entstand rasch eine ergreifende Freundschaft. Léon Bloy schrieb schon bald nach der ersten Begegnung in sein Tagebuch: »Welch ein übernatürliches Abenteuer, welch ein Segen für uns sind diese zwei Freunde, die uns am 20. Juni geschickt wurden und die sich auf so liebevolle Weise in unsere Höhle (am Montmartre) verirrt haben. Der junge Mann ist einer der Idealisten, die Gott nicht kennen und die sich bei den Haaren oder den Füßen mitschleifen lassen die Treppe zum Licht empor! Die junge Frau ist eine kleine russische Jüdin. Sie läßt mich an eine Lilie auf dem Feld denken, sanft gebogen auf ihrem Stengel unter einem schweren Sonnenstrahl. In diesem lieben zerbrechlichen Wesen wohnt eine Seele wie ein Eichenbaum, und sie will knien! Ihre Intelligenz verblüffte mich vom ersten Augenblick an. Zu meiner Frau Jeanne, die ihr sagte, daß sie christliches Fühlen in ihr fände, antwortete Raïssa: ›Sicher sind wir Christen, weil wir so viel von Ihrem Mann halten!‹ Liebe kleine Samariterin, die Mitleid gehabt hat mit dem verwundeten Reisenden, möchtest Du geheilt werden auf Deiner Reise durch den anderen Reisenden, der durch Deine Vorfahren gekreuzigt wurde!?«[4)]

Was Jacques Maritain später über die erste Begegnung mit Léon Bloy († 1917) niederschrieb, hat auch Raïssa in gleicher Weise empfunden: »Beim Überschreiten seiner Wohnungsschwelle verblaßten alle Werte. Man wußte oder vermutete, daß allein *eine* Trübsal besteht: kein Heiliger zu sein. Alles andere wurde unwirklich wie in der Dämmerung.

Léon Bloys fremdartiges Buch »Le Salut par les Juifs« (»Das Heil durch die Juden«), in welchem dieser Christ die übernatürliche Sendung des jüdischen Volkes im Weltplan Gottes zu entziffern suchte, und von dem er einmal gestand: »›Le Salut par les Juifs‹ ist das einzige meiner Bücher, das ich Gott, meinem barmherzigen Richter, am Tag des Gerichtes anzubieten wage.« Dieses Buch wurde für Raïssa Maritain eine Offenbarung.

In der Antwort Bloys auf einen Brief Raïssas, der voller Bewunderung für »Le Salut par les Juifs« war, schrieb er ihr: »Sie sagen, liebe Raïssa: ›Ich bin keine Christin. Ich kann nur seufzend suchen.‹ Aber warum sollten Sie fortfahren zu suchen, da Sie doch gefunden haben?! Wie könnten Sie sonst das schätzen, was ich schreibe, wenn Sie nicht denken und fühlen wie ich? Sie sind nicht nur eine Christin, Sie sind eine brennende Christin, eine sehr teure Tochter des Vaters, eine Braut Jesu am Fuß des Kreuzes, eine liebevolle Magd der Mutter Gottes. Nur – Sie wissen es nicht, oder vielmehr Sie wußten es nicht, deshalb sind Sie zu uns geschickt worden. Der Wert und die Würde der Seelen ist unaussprechlich und Ihre Seelen, Raïssa und Jacques, sind so kostbar, daß nicht weniger als die Menschwerdung und das Martyrium Gottes notwendig waren, um sie frei zu kaufen – ebenso wie meine Seele. ›Empti enim estis pretio magno‹. (Denn ihr seid um einen hohen Preis losgekauft.) Dies, meine Freunde, ist der einzige Schlüssel zum Absoluten. Wir sind freigekauft wie überaus kostbare Sklaven durch die Schmach und die freiwillige Marter dessen, der Himmel und Erde erschaffen hat . . .«[5)]

Durch das vorbildliche Glaubensleben Bloys angetrieben, bemühte sich Raïssa immer mehr, den katholischen Glauben und die katholische Liturgie kennenzulernen. Neben dem grübelnden Suchen, die Dogmen zu verstehen und mit den wissenschaftlichen Erkenntnissen in Einklang zu bringen, las Raïssa viel, u. a. die Visionen der Anna Katharina Emmerich und den »Catechisme spirituel« von P. Surinus, einem Jesuiten aus dem 17. Jahrhundert.

Im Frühjahr 1906 wurde Raïssa sehr krank. Da erhielt sie Besuch von Frau Bloy, die ihr von der Erscheinung Mariens in der Pariser Rue du Bac und von der Wundertätigen Medaille erzählte und ihre eine solche um den Hals hängte. Raïssa, die Schwerkranke, sprach

– ohne sich genaue Rechenschaft über ihr Tun zu geben – in ihrem Herzen voll Vertrauen zu Unserer Lieben Frau und schlummerte dann ein in einem heilsamen Schlaf.

Von da an brach für Raïssa eine beunruhigende Zeit an. Innerlich war sie eigentlich schon katholisch und glaubte, Gott, Christus und seine jungfräuliche Mutter zu lieben, sie schätzte die Hl. Schrift und sehnte sich danach, christlich zu leben. Aber wozu die Äußerlichkeiten der Taufe und des Eintritts in die katholische Kirche, wo doch damit der Verlust ihrer bisherigen Freunde, überdies Feindschaft und Widerstand von Seiten der Eltern und Verwandten verbunden sein würde? Das war die quälende Frage.

Schließlich kam es doch zur hl. Taufe. Der Taufpate Léon Bloy vermerkte in seinem Tagebuch: »11. Juni 1906. Hl. Barnabas. 11 Uhr morgens. Taufe von Jacques und Raïssa und Hochzeitssegen. Taufe auch von Vera, Raïssas Schwester. Nun bin ich Pate dieser von Gott geliebten Seelen, die ich durch meine Bücher für Ihn gewonnen habe . . .«[6)]

Vom Tag der Taufe an begann bei der jungen Katholikin ein sehr intensives inneres Wachsen und Reifen. Dazu verhalfen ihr gar sehr die Bücher der hl. Teresa von Avila und dann die Werke des hl. Thomas von Aquin. Der katholische Glaube ergriff sie immer mehr. Das zeigte sich dann besonders in Heidelberg, wohin sie mit ihrem Mann übersiedelt war, der ein Studienstipendium erhalten hatte, um bei Hans Driesch Biologie zu studieren. Das Ehepaar Maritain lebte in Heidelberg abgesondert von den Studentenkreisen ganz einsam; beide trachteten nur danach, immer mehr in den Reichtum des katholischen Glaubens einzudringen.

Als sie im Sommer 1907 nach Frankreich zurückkehrten, besuchten sie La Salette, wo am 19. September 1846 die Gottesmutter bitter weinend zwei Hirtenkindern erschienen war; Léon Bloy hatte nämlich seinen beiden Patenkindern »die weinende Himmelskönigin« als Führerin und Begleiterin auf ihrem neuen Lebensabschnitt mitgegeben.

Nochmals gab es dann einen längeren Aufenthalt in Heidelberg. In dieser Zeit vertiefte sich Raïssa ganz stark in die Theologische Summe des hl. Thomas von Aquin, den sie so sehr lieben und schätzen lernte, daß sie dann sein Leben und die Hochschätzung dieses großen Denkers des Mittelalters sogar den Kindern und Jugendlichen beibringen wollte in dem 1931 erschienenen Buch:

»L' Ange de l'Ecole« (»Der Engel der Schule«), das auch in die deutsche Sprache übersetzt wurde.

Überhaupt wurde Raïssa Maritain im Lauf der Jahre zu einer überaus fruchtbaren Schriftstellerin, als ihr Gemahl Professor in Paris, dann in Nordamerika und – nach dem Intermezzo als Botschafter Frankreichs beim Hl. Stuhl (nach 1945) – wieder in Nordamerika war. Die wichtigsten Werke aus ihrer Feder sind die Essays »Situation de la poésie« über Mystik und Dichtung, dann »Vie d'oraison« (»Das Gebetsleben«), eine Art Laien-Spiritualität, worin sie – dem Geist christlicher Überlieferung und dem hl. Thomas von Aquin folgend – Richtlinien für das innere Leben derer gibt, die sich geistiger Arbeit widmen; und schließlich die Geschichte ihres Lebens »Les grandes amitiés« (»Die großen Freundschaften«). Vor allem aber gehören auch noch ihre Gedichte genannt: »La vie donnée« (»Das geschenkte Leben«), »Lettre de nuit« (»Briefe der Nacht«) und »Portes de l'horizon«. Ein Kenner, nämlich Pieter van der Meer de Walcheren, schrieb darüber: »In Raïssas Versen finde ich die seltene Verwirklichung der Einheit von dichterischer Gabe und christlichem Leben, die in wunderbarer Weise in ihrem Wortgesang lebendig wird. Der Zwiespalt und die stille Überwindung, die Loslösung von der Erde, die zu Gott erhobene Vereinigung, worin die Seele alles empfängt: Die ganze schwere Leiter vom Himmel zur Erde, Jakobsleiter, die an unseren Herzen lehnt, das besingt Raïssa in ›Douceur du monde‹. Alle Erfahrungen, alle Erschütterungen des echten Lebens liegen in den stillen Gedichten eingefangen: zur Freude eines jeden, der weiß, welch ein Wunder die Dichtung ist . . .«[7] Derselbe Autor meint dann: »Ich weiß nicht, was bewundernswerter ist an dieser Frau: ihre Intelligenz, ihre Klugheit, ihre durchdringende Logik, ihr lebendiges Verstehen der christlichen Offenbarung, ihr inständiges Beten – oder ihre außergewöhnliche Gabe, ihre Erlebnisse, die ihr durch Sinneswahrnehmungen und Gebete gegeben werden, im Wortgesang mitzuteilen.«[8]

Was vielleicht noch mehr an dieser Frau, die aus dem Judentum und allen Zweifeln an der Existenz Gottes und am Sinn des Lebens zur vollen Bejahung des gottmenschlichen Messias und zum ausgeglichenen Glück des froh gelebten katholischen Glaubens gefunden hat, ist ihre einzigartige Harmonie und eheliche Liebe, mit der sie ihrem Gemahl, dem Philosophen Jacques Maritain zugetan war und zur Seite stand, und zwar so, daß beide sich in einzigartiger

Weise ergänzten: im Suchen und Finden der vollen Wahrheit, im inneren Reifen, im Schaffen, Schreiben und Dichten. »Jacques Maritains Wirksamkeit ist bewundernswert. Immer aber steht ihm Raïssa zur Seite, die betet und mit ihm lebt und arbeitet und ihn beseelt, durch die er Dinge in Kunst und Dichtung begreift, die er allein nie gefunden hätte. Im Vorwort seines Meisterwerkes ›Creative intuition in art and poetry‹ schreibt er: ›Raïssa, meine Frau, assistierte mir bei dem ganzen Werk. Ich glaubte nicht, daß ein Philosoph wagen darf, über Dichtung zu sprechen, wenn er nicht auf unmittelbare Erfahrung eines Dichters zurückgreifen kann‹ . . .«[9] Raïssa war in Princetown in Amerika, in Versailles, in Meudon, in Rom und an den anderen Orten des mit Jacques Maritain gemeinsam gelebten Lebens das lebendige Herz der Wohnung, voll Weisheit und Poesie, voll Menschlichkeit, voll edlen, liebevollen Denkens, das Herz eines Hauses, wohin so mancher Verirrte und Suchende hoffnungsvoll ging, um ein erhellendes Wort in dunkler Not zu hören: genau so wie damals, als vor mehr als fünfzig Jahren Raïssa und Jacques selbst, jung und ratlos, zu Bloy gekommen waren, um bei diesem christlichen Menschen etwas von Gottes Gegenwart zu finden und etwas von der menschlichen Tragödie begreifen zu lernen. Raïssa hat den alten teuren Taufpaten Léon Bloy niemals vergessen. Ihre Liebe und Dankbarkeit für den einsamen, schmerzensreichen Dichter, der eigentlich nur für Gott schrieb, wurden nie geringer. Während der schwierigen amerikanischen Emigration las sie Bloys Bücher andächtig aufs neue und stellte eine Anthologie von 400 Seiten aus seinem Werk zusammen.

Erwähnt gehört zuletzt noch, daß Raïssa in den letzten Lebensjahren zusammen mit ihrem Gatten in Nordamerika lebte, doch kehrte sie in den Sommermonaten fast jedes Jahr nach Frankreich zurück. In Paris starb sie am 4. November 1960. Nach ihrem Tod erschienen noch ihr Tagebuch »Journal de Raïssa« (Paris 1963) und ihre Erklärung des Gebetes des Herrn, des Vater-unser (»Notes on the Lord's Prayer«, New York 1964) und schließlich als Sammlung ihrer Aufsätze und der ihres Gemahls über das Mysterium des Volkes Israel das Werk »Le Mystère d'Israel« (Paris 1965). Sie hat ja das Geheimnis des auserwählten Volkes, dem sie wie der Messias Jesus Christus entstammte, in seiner geheimnisvollen Tiefendimension ganz tief erfaßt. Mit Recht hat Léon Bloy die Neuauflage seines Werkes »Le Salut par les Juifs« (»Das Heil durch die Juden«) dieser edlen Blüte des jüdischen Volkes gewidmet mit den Worten: »Für Raïssa Maritain! Ich widme diese geschriebenen Seiten dem katholischen Ruhm des Gottes Abrahams, Isaaks und Jakobs.«

[1] vgl. I. J. Gallagher, The Achievement of Jacques and Raïssa Maritain, New York 1962; P. van der Meer de Walcheren, Alles ist Liebe (Wien 1961), S. 7 – 116; P. Lelotte, Heimkehr zu Gott (Luzern – München 1956), I. Bd., S. 161 – 175; M.-C. G., Maritain Jacques and Raïssa, in: Encyclopaedia Judaica (Jerusalem 1971) Vol. 11, Sp. 995 – 996.

[2] Henri Bergson († 4. Januar 1941), seit 1900 Professor am College de France, 1928 Träger des Nobelpreises für Literatur, erwarb sich große Verdienste in der Neubegründung der Metaphysik gegenüber dem Positivismus und durch seine das europäische Geistesleben stark beeinflussende neue Geist- und Lebensphilosophie; er ging vom Positivismus H. Spencers aus und gelangte in seiner geistigen Entwicklung gegen Ende seines Lebens zur Bejahung des Christentums.

[3] Zu L. Bloy vgl. P. Lelotte, Heimkehr zu Gott (Luzern – München 1956), I. Bd., 209 – 224; P. van der Meer de Walcheren, Alles ist Liebe (Wien 1961) S. 11 – 68. Léon Bloy ist französischer Schriftsteller, der für die katholische Erneuerung Frankreichs große Bedeutung erlangte, er ist der starke katholische Dichter, der seinen Geschichten durch lebendige Worte Gestalt zu geben wußte und ankämpfte gegen religiöse Lauheit und ein verbürgerlichtes Christentum; er kennzeichnete kirchliche Mängel seiner Zeit mit oft überspitzter Schärfe; er bekämpfte die Anpassung des Christentums an den Zeitgeist (Fortschrittsglaube, Rationalismus, Scientismus); sein Denken hatte apokalyptische Züge; leidenschaftlich stellte er die Übernatürlichkeit des Christentums heraus. Sein Werk umfaßt Tagebücher, zahllose Briefe, Monographien über historische Persönlichkeiten, die beiden stark autobiographischen Romane »Le Désespéré« und »La Femme Pauvre« sowie die christliche Deutung des Judentums »Le Salut par les Juifs«.

[4] zitiert nach P. van der Meer de Walcheren, Alles ist Liebe, S. 85.

[5] zitiert nach P. van der Meer de Walcheren, Alles ist Liebe, S. 88.

[6] zitiert nach P. van der Meer de Walcheren, Alles ist Liebe, S. 93.

[7] vgl. P. van der Meer de Walcheren, a. a. O., S.112.

[8] vgl. P. van der Meer de Walcheren, a. a. O., S.115.

[9] vgl. P. van der Meer de Walcheren, a. a. O., S. 101.

13. Leonhard Maria Adler
(† 16. Dezember 1965)

Ein international anerkannter Verkehrsfachmann, der aus dem Judentum zum katholischen Glauben und als Ehemann und Familienvater sogar zum katholischen Priester- und Ordensberuf fand und als solcher in den letzten Lebensjahren ungemein segensreich wirkte, ist Dipl.-Ing. Dr. techn. Leonhard Maria Adler. Er wurde am 4. August 1882 in Mailand als Kind österreichischer jüdischer Eltern geboren.[1)]

Nach dem Tod seines Vaters Robert Adler übersiedelte er mit seiner Mutter nach Wien, wo er zur Schule ging und nach dem Gymnasium Technik studierte. 1905 erwarb er den Titel eines Diplom-Ingenieurs und 1910 den eines Doktors der Technik (in Maschinenbau und Elektrotechnik); den gleichen Titel erhielt er auch in Berlin und dazu noch den Dr. honoris causa in Mailand.

Zur beruflichen Laufbahn von Dr. Leonhard Maria Adler ist folgendes zu sagen: Nach 1905 war er als Assistent und Dozent für Bau und Betrieb elektrischer Anlagen und Bahnen an der Technischen Hochschule in Brünn (Mähren) tätig, dann fünf Jahre lang als Vorstand des Prüffeldes der Allgemeinen Elektrizitäts-Gesellschaft (AEG) in Wien; dazu hatte er eingehend Wasserkraftwerke der Schweiz studiert und war u. a. Mitarbeiter beim Bau der Brennerbahn (Innsbruck – Bozen), der Oberbozener Bahn und der Mittenwaldbahn in Tirol. Im Jahre 1912 wurde er an die Generaldirektion der AEG als Oberingenieur nach Berlin berufen und leitete nebenbei die Metallverteilungsstelle der deutschen Straßen- und Kleinbahnen. Schließlich wurde Dr. Adler Straßenbahndirektor in Berlin. 1920 wurde er auf 12 Jahre zum Stadtbaurat und Leiter des Gesamtverkehrswesens der damals fünf Millionen zählenden Reichshauptstadt Berlin erwählt. In dieser Zeit entwarf und baute er u. a. den berühmten Berliner Zentral-Flughafen Tempelhof (1922 – 23); er schuf die Berliner Verkehrsgesellschaft (BVG) für Tram, Bus und U-Bahn (1928). Aus dieser Zeit stammen auch zahlreiche Veröffentlichungen und einige Patente von Dr. Adler.

Nach 1932, als in Deutschland die nationalsozialistische Juden-Verfolgung begann, begab sich Dr. Adler nach Italien. Hier war er bis 1937 Fachberater großer elektronischer und Automobilunternehmen. In dieser Zeit entwarf er auch verkehrsmäßige Verbesserungen in Rom, Athen, Mailand, Kairo, München und vielen anderen Städten; in Tripolis (Libyen) wirkte er als technischer Berater des Generalgouverneurs. Schließlich bekleidete er die Stelle des Generaldirektors der Verkehrsbetriebe in Mailand von 1948 bis 1952.

Er hatte sich einen internationalen Ruf erworben und war persönlich bekannt mit Siemens, Junkers, Citroën, Ford und anderen Konstrukteuren, die ihn überaus schätzten.

Auf dem Höhepunkt seiner weltlichen Laufbahn aber verließ Dr. Adler alles, was ihm bisher lieb und teuer war: die Familie, den Beruf, irdischen Reichtum und weltliche Ehren. Er ging mit Genehmigung des Papstes Pius XII. und mit der nötigen Dispens, da seine Frau Adelheid, geb. Poppy, noch lebte, mit der er eine glückliche Ehe geführt und eine schöne christliche Familie aufgebaut hatte, ins Kloster und trat bei den Franziskanern in Sant'-Angelo in Mailand ein, um sich auf das Priestertum vorzubereiten.

Der Priesterweihe von Dr. Leonhard Maria Adler ging ein jahrelanges Suchen und Reifen voraus, das bei diesem konvertierten Juden ungemein aufschlußreich ist. Er selbst hat darüber in seinen »Erinnerungen: Mein Weg zum Heiland« ausführlich berichtet, die er zu Ostern 1927 in der Benediktinerabtei Maria Laach bei Bonn niederzuschreiben begonnen hat.

Über seine Kindheit in Italien berichtet Dr. Adler, daß er da von katholischen Menschen umgeben war. Sein jüdischer Vater, Robert Adler, der »ein selten guter, fröhlicher, freudiger Mensch war, der sich ganz für seine Familie aufopferte«, sagte ihm einmal, er wolle ihn nicht zu einer bestimmten Religion zwingen. »Wenn ich erwachsen sein werde, würde ich selber *der* Religion mich zuwenden, zu der ich die meiste Neigung hätte, zu der mein Inneres mich hinzöge.« Über seine jüdischen Glaubensbrüder schreibt Dr. Adler in seinen Erinnerungen: »Ich begegnete vielen edlen und vornehmen Juden mit großer Intelligenz und Herzensbildung, die stets das Bedürfnis hatten, ihren Mitmenschen Gutes zu erweisen; auch fand ich unter ihnen vielfach einen starken, ausgeprägten Sinn für das Familienleben. Leider neigten aber auch viele Juden zum hemmungslosen Liberalismus, zur Gottentfremdung, die vielfach als Fortschritt der Kultur angesehen wurde und die schließlich zum krassesten Materialismus führen mußte.«

Leonhard Adler fand in seiner Jugend, die von der Suche nach Christus gekennzeichnet war, schließlich zum Christentum, aber in der protestantischen Form. Er bekennt darüber: »Ich war also getauft und Christ, und doch war ich nicht ganz zufrieden. Es schien mir, auf halbem Weg stehen geblieben zu sein. Sehr eifrig und begeistert hörte ich jeden Sonntag den Worten des Pastors von der Kanzel zu. Aber die (evangelische) Kirche lag mir nicht . . . Vielleicht weil sie leer war. Es fehlte der Tabernakel. Es waren keine Heiligenbilder da, wie ich sie in den katholischen Kirchen bewunderte: Maria, Heilige, und vor allem der Kreuzweg, der mich außerordentlich beeindruckt und bewegt hatte. Dann war die (evangelische) Kirche während der ganzen Woche geschlossen und nur an Sonntagen und bei großen Festlichkeiten den Gläubigen zugänglich. Nein, eine solche Religion befriedigte mich nicht. Jene Geistigkeit, die Jesus Christus seiner Kirche, seinen Aposteln übergeben hatte, fand ich hier nicht. So begann ich mich immer mehr der katholischen Kirche zu nähern. Dieser Zustand der Unsicherheit, des Unbefriedigtseins, der Zweifel und des Wahrheitsdranges dauerte über zwölf Jahre . . .«

Es war dann in der Genesungszeit von einer beim Militärdienst im Ersten Weltkrieg zugezogenen Krankheit, daß er Gelegenheit bekam, dem katholischen Glauben nahezukommen, und zwar durch die Franziskanerinnen und den Kaplan des Lazaretts von Krems (NÖ). Er begann den katholischen Gottesdienst zu besuchen und fühlte sich dabei wohl. In Karlsbad (Böhmen) traf ihn dann während einer Kur die Gnade Gottes. »Eines Nachmittags, noch schwach, voller Gedanken und Sorgen um die Zukunft, machte ich einen Spaziergang in den nahen Wald. Vor Sonnenuntergang, auf der Suche nach dem Heimweg, befand ich mich plötzlich in einer Lichtung, die durch ein großes Kruzifix beherrscht war. Unter dem Kreuz war ein wunderbares Bild der Schmerzhaften Gottesmutter mit den Worten, an die ich mich immer erinnere: ›Du, der Du nimmer glaubst an sie, kalt vor dem Bilde stehst und nimmer beugen willst Dein Knie, sie hilft Dir doch. Wenn Du nicht flehst, so fleht Dein Jammer, fleht Dein Leid. Das sieht sie, die gebenedeit: die Mutter: Sancta Maria!‹ Ohne es zu wollen, sank ich in die Knie und weinte und betete. Es war schon dunkel, als ich den Ort verließ, aber in mir war es licht geworden.«

In Berlin, wohin Dr. Adler wenige Tage darauf versetzt wurde, konvertierte er dann im Oktober 1917 zum katholischen Glauben, in welchem der damals Fünfunddreißigjährige vor allem durch den bekannten Dominikaner-Prediger P. Franziskus Stratmann unterwiesen worden war.

Mit dem Eifer eines Konvertiten wirkte Dr. Adler nun in Berlin in der Katholischen Aktion, und zwar bald in führender Stellung und in Zusammenarbeit mit dem damaligen Apostolischen Nuntius Eugen Pacelli, dem späteren Papst Pius XII., mit dem Pfarrer Clemens August Graf von Galen, dem späteren Kardinal-Bischof von Münster, mit dem großen Großstadtapostel Dr. Karl Sonnenschein und mit dem Berliner Dompropst von St. Hedwig, H. Lichtenberg.

Den selbstlosen, mutigen Einsatz für den katholischen Glauben, für die katholische Kirche und für die katholischen Glaubensbrüder und Glaubensschwestern setzte Dr. Adler in Mailand fort, als er Berlin wegen seiner jüdischen Herkunft hatte verlassen müssen.

Seit seiner Konversion zum katholischen Glauben trieb ihn immer der Gedanke, sich ganz Gott zu weihen und in einen Orden einzutreten. Die Notwendigkeit, für den Unterhalt seiner Familie (seine Frau Adelheid, seine beiden Söhne Manfred und Franz und seine Tochter) zu sorgen, hielten ihn jedoch in der Zeit seiner aktiven beruflichen Tätigkeit davon ab. Wenige Monate aber nach seiner Pensionierung als Mailänder Generaldirektor für das Verkehrswesen trat er, da die Familie versorgt war, in den Franziskanerorden ein, dem er bereits als Mitglied des III. Ordens angehört hatte. Wegen seiner großen Verehrung der jungfräulichen Gottesmutter – er war in Mailand auch Präfekt der Marianischen Männerkongregation – erhielt er bei der Einkleidung zusätzlich zu seinem Namen Leonhard auch noch den Namen Maria. Eines seiner bevorzugten Gebete war im Lauf der Jahre der marianische Rosenkranz geworden, der ihm anfangs, besonders wenn er ihn in der Kirche beten hörte, äußerst eintönig erschienen war, später aber ihm so lieb wurde, daß er ihn täglich, überzeugt von seiner riesigen Wirksamkeit, betete.

Nach dem Noviziat und drei Jahren des Theologiestudiums wurde P. Leonhard Maria Adler OFM am Fest des hl. Franziskus (4. Oktober) 1956 im Alter von 74 Jahren vom damaligen Mailänder Erzbischof Giovanni Battista Montini, dem späteren Papst Paul VI., in der Mailänder Franziskanerkirche Sant'Angelo zum Priester geweiht. Seine Primiz wurde für seine Familie und die Tausende seiner früheren Untergebenen in den Mailänder Verkehrsbetrieben zu einem großen Fest. Seine damals schon 97-

jährige Mutter – ebenfalls jüdische Konvertitin wie er, sie starb 1959 hundertjährig – ging dabei als erste zur hl. Kommunion.

Noch neun Jahre waren dem Spätberufenen für ein überaus eifriges Priesterwirken vergönnt. P. Leonhard Maria Adler schreibt darüber u. a.: ». . .Es wäre vieles über die vielen, vielen Menschen, die ich zu Mitkämpfern für Christus gewinnen konnte, zu sagen; vor allem auch über die vielen, die ich mit Gottes Hilfe zum Glauben bringen konnte; ich muß es offen sagen, es ist ja nicht mein Verdienst, wenn ich auf pastoralem Gebiet so viel Erfolg habe. Sicher, ich habe mein Möglichstes getan, aber es war des Allmächtigen Gnade und Hilfe, ohne die ich nichts erreicht hätte. Außerdem war es mein unbegrenztes Vertrauen in Maria, die Mutter Gottes, deren Hilfe mir stets zuteil wurde. Ich denke da auch an das Wunder, das an mir in Lourdes vollbracht wurde, als ich anläßlich der 100-jährigen Wiederkehr der Tage der Erscheinungen der Mutter Gottes vor der kleinen Bernadette Soubirous mit einem Pilgerzug gemeinsam mit Kardinal Montini dorthin pilgerte und von den ganz argen Kopfschmerzen, die mich immer geplagt hatten, geheilt wurde, so daß ich nach meiner Rückkehr nach Mailand mit 76 Jahren erfolgreich predigen konnte, sonntags oft sogar zweimal, und dies in einem Alter, in welchem die meisten Priester gewöhnlich das Predigen aufgeben. Wenn ich, der ich infolge des verkürzten Theologiestudiums nicht so gründlich vorgebildet bin, auf die Kanzel steige, bete ich inbrünstig zur Mutter Gottes, erflehe die Hilfe des Hl. Geistes, und dann geht es immer so, daß mir die Worte einfach und überzeugend aus dem Herzen sprudeln. Jährlich pilgere ich mit Gruppen von Verkehrsangestellten Mailands, die meine Untergebenen waren, und mit anderen Gläubigen nach Lourdes und zu anderen Gnadenstätten. Vielfach werden von mir, dem greisen Franziskanerpater, nicht nur auf religiösem, sondern auch noch auf technischem Gebiet Ratschläge erbeten, sogar von Unternehmen und Stadtverwaltungen. So schrieb der Oberbürgermeister von Bonn, Dr. Daniels, in der ›Bonner Rundschau‹: ›Das Interessante an unserer Studienreise nach Mailand war, daß die Auskünfte, die wir haben wollten, uns von einem Franziskanerpater erteilt wurden, der als Techniker unsere Köln-Bonner Eisenbahn gut kennt . . .‹ Aber all dies und verschiedenes Andere ist für mich heute belanglos. Entscheidend ist nur, was mich wahrhaft glücklich macht: Gott hat in seiner Allmacht und Güte gestattet, meine verschiedenen Dr.-Ing.-Titel auf den Nagel zu hängen, um zum höchsten Diplom aufzusteigen, das ein Mensch auf dieser Erde erreichen kann, nämlich Priester Gottes zu sein, ein ›alter Christus‹, wie es so schön heißt.«[2)]

Wenn man eine Würdigung dieses am 16. Dezember 1965 verstorbenen jüdischen Konvertiten Leonhard Maria Adler der Schilderung seines Lebenslaufes und seiner Hinwendung zur katholischen Kirche, zum Priester- und Ordensberuf anfügen soll und dabei etwa an seine ebenfalls jüdischen Namenskollegen Viktor Adler († 1918) und Friedrich Adler († 1960) denkt, die führende Sozialisten und Marxisten in Österreich waren, so könnte Leonhard Maria Adler zusammen mit seiner Familie zu diesen Vertretern eines marxistischen Messianismus sagen: »*Wir* haben den Messias gefunden.« Leonhard Maria Adler fand in Christus letzte und tiefste Sinngebung für sein Leben und arbeitete für das leibliche und seelische Wohl der Arbeiter aus christlicher Nächstenliebe und echter Solidarität. Beim Begräbnisgottesdienst sagte der Mailänder Franzsiskaner-Provinzial P. Pancrazio Chiodini über ihn: »Die Hauptabschnitte seines Lebens zeigen uns den geistlichen Wert einer glücklich vollendeten Wahrheitssuche, die ihn zuerst zum katholischen Glauben, dann zum Ordensstand und schließlich zum Priestertum führte. Ein außergewöhnliches Leben, das die uneingeschränkte Bewunderung weiter Kreise erregte. Nach bedeutsamen Leistungen im weltlichen Beruf als Generaldirektor der Mailänder Verkehrsbetriebe folgten der Ordenseintritt und die Priesterweihe. In den nun folgenden nahezu zehn Priesterjahren leistete P. Leonhard Maria Adler noch bewundernswerte priesterliche Seelsorgearbeit. Aus der über jedes Lob erhabenen priesterlichen Tätigkeit soll von dieser Persönlichkeit, die so viel Anziehendes und Gewinnendes an sich hatte, nur das besonders herausgestellt und betont werden: Er war den Mailänder Straßenbahnern, Arbeitern und Angestellten (zuerst als Vorgesetzter, dann als Seelsorger) allzeit ein wahrer Vater; P. Adler lebte für sie, er hatte sie gern, er wollte ihnen auf jeden Fall und in jeder Weise helfen: geistlich, um besser zu werden, materiell, um das Leben weniger beschwerlich zu gestalten. Vor allem lag ihm ihre Seele am Herzen; er wollte sie nahe bei Christus haben, der allein den wahren Frieden und das wahre Glück geben kann. Nachdem er Freud und Leid mit ihnen geteilt hatte, wollte er ihnen auch noch als Toter nahe sein; gemäß seinem ›letzten Willen‹ sollte sein Leichnam in eine Hauptwerkhalle der Mailänder Verkehrsbetriebe gebracht werden, um noch einmal in der Mitte seiner Arbeiter zu sein. Da statteten ihm die Arbeiter und Angestellten nochmals ihren Dank ab, Dankbarkeit vor allem auch für sein seelsorgliches Wirken in den letzten zehn Lebensjahren.«

[1] Wir entnehmen die folgenden Angaben der Gedenkschrift von Dr. Manfred Adler: Vom Generaldirektor zum Franziskanerpater (Meran 1975) und mündlichen Angaben von Dr. Franz Adler (Meran).

[2] zitiert nach persönlichen Bemerkungen von P. Leonhard Maria Adler zum Artikel in der Zeitschrift »Gong« (Dezember 1962): »Der Verkehrsexperte Gottes«, zur Verfügung gestellt von Dr. Franz Adler, Meran.

14. Franz Werfel
(† 26. August 1945)

Am Schluß dieser Lebensbilder jüdischer Konvertiten sei das des jüdischen Dichters Franz Werfel angereiht, der zwar nicht formell konvertierte, sich aber dem katholischen Glauben ganz stark näherte.

Man hat diesen bedeutenden Schriftsteller immer wieder unter die »christlichen« Autoren einordnen wollen, und zwar aus begreiflichen Gründen, denn in seinem literarischen Werk werden christliche, und das heißt bei ihm: katholische Themen und Probleme sichtbar bevorzugt.[1] »Doch mißversteht man ihn, wenn man Werfel von etwas anderem als von seiner jüdischen Herkunft her begreifen will.«[2] Auch wenn er sich bis hin zu seinem Tod dem katholischen Glauben immer mehr angenähert hat, er ist doch dem Judentum treu geblieben. Vielleicht könnte man ihn am Ende seines Lebens als »Judenchristen« charakterisieren.

Franz Werfel wurde am 10. September 1890 als einziges Kind des jüdischen Handschuhfabrikanten Rudolf Werfel und der Albine, geb. Lussi, in Prag geboren. Ob in der vornehmen Villa der Werfel in der eleganten Marienstraße am Stadtpark in Prag jüdische Gläubigkeit zu spüren war und danach gelebt wurde, ist schwer zu sagen. Die Tatsache, daß der Sohn bei den Piaristen-Patres von 1896 an die Volksschule besuchte, spricht eher für ein sehr liberales Judentum in seinem Elternhaus. Dabei darf man aber nicht übersehen, daß die meisten Kinder in der Klosterschule der Piaristen damals aus jüdischen Familien stammten. Niemand nahm daran Anstoß, daß tschechische katholische Ordenspriester jüdische Kinder in deutscher Sprache unterrichteten. In Werfels Gedicht »Erster Schultag« spiegelt sich Werfels Schulzeit bei den Piaristen wieder.[3]

Neben den Lehrern aus dem Piaristen-Orden spielte in der Kindheit Werfels auch die tschechische katholische Kinderfrau namens Bábi eine wichtige Rolle. Schul- und Jugendfreunde Werfels berichteten nämlich von der rührenden Liebe des Dichters zu seiner alten Kinderfrau, die er als Kind oft zur Messe in eine katholische Kirche begleitete; er hat sie später in so manchen Gedichten gefeiert; sie diente ihm auch als Vorbild für die Heldin seines Romans »Barbara oder die Frömmigkeit«. Der Besuch der Piaristen-Schule und die Liebe zur katholischen Kinderfrau erklären, vielleicht wenigstens teilweise, Werfels Hinneigung zur katholischen Kirche. Aber er war und blieb trotz allem Jude. Er hat immer das bejaht, was er in seinen »Theologumena« zum Stichwort »Auserwählung« geschrieben hat: »Auserwählung: ›Ihr sollt mir sein ein Reich von Priestern, ein heilig Volk‹ (Exodus 19,6). Das heißt: Ihr sollt euch unterscheiden! Das heißt: Ihr sollt euch von den andern *allen* unterscheiden! Das heißt: Ihr sollt euch unterscheiden nicht nur wie sich ein Volk von einem andern unterscheidet! Das heißt: Ihr sollt euch von allen andern gerade in *dem* unterscheiden, was sie allgemein verbindet!«[4)]

»Für Werfel ist dieses Anderssein des Juden nicht irgendein geschichtlicher Zufall, der nur etwas Akzidentelles beträfe und im Prozeß der Geschichte, etwa durch eine Emanzipation, zu überwinden sei, sondern es ist die Grundbedingung der jüdischen Existenz schlechthin.«[5)]

Werfels erster dichterischer Versuch fällt in sein 14. Lebensjahr. Die erste Veröffentlichung eines Gedichtes gelang ihm mit 18 Jahren in der Sonntagsbeilage »Die Zeit« am 23. Februar 1908. Der Vater Werfels duldete zwar die schriftstellerische Tätigkeit seines Sohnes als eine Art lobenswerter Freizeitbeschäftigung, er hielt es aber für seine Pflicht, ihn einem erfolgversprechenden Beruf zuzuführen. So wurde Franz Werfel, nachdem er 1909 an der Deutschen Universität in Prag juridische und philosophische Vorlesungen gehört hatte, nach Hamburg geschickt, wo er bei der befreundeten Speditionsfirma Brasch und Rothenstein den Handelsberuf erlernen sollte. Die kaufmännische Laufbahn fand jedoch sehr rasch ein Ende.

Im Herbst 1912 ging Werfel nach Leipzig, wo er bei dem neugegründeten Kurz-Wolff-Verlag eine Anstellung als Lektor fand. Er mußte sich bei dieser Tätigkeit nicht überarbeiten, denn der Verleger Kurt Wolff machte es ihm leicht, in der berechtigten Hoffnung, der Dichter Werfel werde dem Verlag mehr Ehre und Geld einbringen als der Lektor Werfel. Tatsächlich war der Dichter Werfel bereits in seiner Leipziger Zeit (1912 – 14) sehr produktiv.

Nach dem Ersten Weltkrieg, der für Franz Werfel einen relativ leichten Kriegseinsatz gebracht hatte, ließ er sich 1918 in Wien nieder. Dort verband er sich mit der Witwe des Komponisten Gustav Mahler, die ihm einen Sohn gebar, den er auf die Namen Martin Carl Johannes katholisch taufen ließ.

In vieler Hinsicht, besonders deutlich seit dem Offenen Brief »Die christliche Sendung« (Januar-Heft 1917 der »Neuen Rundschau«), zeigte sich bei Werfel seine Hinwendung zum Christentum, auch wenn er sich nach dem Zusammenbruch in Wien kurzfristig an Versammlungen, Umzügen und Demonstrationen der Vereinigung »Rote Garde«, einer Gründung junger Literaten beteiligte und sogar für den Kommunismus gewonnen werden konnte. Freilich muß dabei beachtet werden, »daß Werfel und seine Zeitgenossen mit Sozialismus und Kommunismus eher einen säkularisierten Messianismus als etwa die ökonomische Realität des Klassenkampfes verstanden.«[6]

Es soll hier Werfels Lebensweg in seinen weiteren Stationen und sein Lebenswerk in seinen Gedichten, Dramen, u. a. »Juarez und Maximilian« (1924), »Paulus unter den Juden« (1925), und Romanen, u. a. »Barbara oder die Frömmigkeit« (1928), »Die vierzig Tage des Musa Dagh« (1933), »Höret die Stimme. Jeremias« (1936), »Der veruntreute Himmel« (1939), sowie seine Prosa-Abhandlungen und Essays, u. a. »Zwischen oben und unten«, »Realismus und Innerlichkeit«, »Können wir ohne Gottesglauben leben?«, »Von der reinsten Glückseligkeit des Menschen«, »Theologumena«, nicht weiter geschildert werden.

Werfels Lebensweg führte jedenfalls nach dem schmerzvollen Anschluß Österreichs an das Dritte Reich nach Frankreich und dort zuletzt auf einer abenteuerlichen Flucht am 27. Juni 1940 nach Lourdes.

Hier darf das persönliche Vorwort Werfels zu seinem kathohschesten Roman »Das Lied von Bernadette« zitiert werden, weil darin die Annäherung des jüdischen Dichters an den katholischen Glauben von ihm selbst recht gut zur Darstellung gebracht worden ist:

»In den letzten Junitagen des Jahres 1940, nach dem Zusammenbruch Frankreichs, kamen wir auf der Flucht von unserem damaligen Wohnort im Süden des Landes nach Lourdes. Wir, meine Frau und ich, hatten gehofft, noch rechtzeitig über die spanische Grenze nach Portugal entweichen zu können. Da jedoch sämtliche Konsuln einmütig die notwendigen Visa verweigerten, blieb uns nichts anderes übrig, als in derselben Nacht, da die Grenzstadt Hendaye von den deutschen Truppen besetzt wurde, unter großen Schwierigkeiten ins Innere Frankreichs zu flüchten. Die Départements der Pyrenäen waren zu einem phantastischen Heerlager des

Chaos geworden. Die Millionen dieser seltsamen Völkerwanderung irrten auf den Landstraßen umher und verstopften die Städte und Dörfer: Franzosen, Belgier, Holländer, Polen, Tschechen, Österreicher, exilierte Deutsche und dazwischen die Soldaten der geschlagenen Armeen. Nur höchst notdürftig konnte man seinen Hunger stillen. Obdach aber gab es überhaupt keines mehr. Wer irgendeinen gepolsterten Stuhl eroberte, um die Nacht darauf zu verbringen, wurde viel beneidet. In endlosen Reihen standen die mit Hausrat, Matratzen, Betten hochbeladenen Autos der Flüchtlinge unbeweglich, denn Treibstoff war nicht mehr vorhanden. In Pau hörten wir von einer dort ansässigen Familie, Lourdes sei der einzige Ort, wo ein vom Glück Begünstigter vielleicht noch Unterkunft finden könne. Da die berühmte Stadt nur dreißig Kilometer entfernt lag, so riet man uns, den Versuch zu wagen und an ihre Pforten zu pochen. Wir gehorchten diesem Rat und fanden endlich Herberge.

Auf diese Weise führte mich die Vorsehung nach Lourdes, von dessen Wundergeschichte ich bis dahin nur die oberflächlichste Kenntnis besaß. Wir verbargen uns mehrere Wochen in der Pyrenäenstadt.

Es war eine angstvolle Zeit. Es war aber zugleich auch eine hochbedeutsame Zeit für mich, denn ich lernte kennen die wundersame Geschichte des Mädchens Bernadette Soubirous und die wundersamen Tatsachen der Heilungen von Lourdes. Eines Tages in meiner großen Bedrängnis legte ich ein Gelübde ab. Werde ich herausgeführt aus dieser verzweifelten Lage und darf die rettende Küste Amerikas erreichen – so gelobte ich –, dann will ich als erstes vor jeder anderen Arbeit das Lied von Bernadette singen, so gut ich es kann.

Dieses Buch ist ein erfülltes Gelübde. Ein epischer Gesang kann in unserer Epoche nur die Form eines Romans annehmen. ›Das Lied von Bernadette‹ ist ein Roman, aber keine Fiktion. Der mißtrauische Leser wird angesichts der hier dargestellten Ereignisse mit größerem Recht als sonst bei geschichtlichen Epen die Frage stellen: ›Was ist wahr? Was ist erfunden?‹ Ich gebe zur Antwort: Alle jene denkwürdigen Begebenheiten, die den Inhalt dieses Buches bilden, haben sich in Wirklichkeit ereignet. Da ihr Anbeginn nicht mehr als achtzig Jahre zurückliegt, spielen sie im hellsten Licht der Geschichte, und ihre Wahrheit ist von Freund und Feind und von kühlen Beobachtern in getreuen Zeugnissen erhärtet. Meine Erzählung verändert nichts an dieser Wahrheit.

Nur dort wurde das Recht der dichterischen Freiheit in Anspruch genommen, wo das Kunstwerk gewisse chronologische Zusammendrängungen erforderte, und wo es galt, den Lebensfunken aus dem Stoff zu schlagen.

Ich habe es gewagt, das Lied von Bernadette zu singen, obwohl ich kein Katholik bin, sondern Jude. Den Mut zu diesem Unternehmen gab mir ein weit älteres und viel unbewußteres Gelübde. Schon in den Tagen, da ich meine ersten Verse schrieb, hatte ich mir zugeschworen, immer und überall durch meine Schriften zu verherrlichen das göttliche Geheimnis und die menschliche Heiligkeit – des Zeitalters ungeachtet, das sich mit Spott, Ingrimm und Gleichgültigkeit abkehrt von diesen letzten Werten unseres Lebens.«

Von Lourdes aus gelang schließlich Werfel noch die Flucht nach Spanien und Portugal. Von dort konnte er mit seiner Frau Alma am 13. Oktober 1940 die Fahrt in die Vereinigten Staaten antreten.

Am 30. Dezember 1940 kam Werfel mit seiner Gattin in Los Angeles (Kalifornien) an, wo Freunde für ihn ein Haus gemietet hatten.

Unverzüglich machte er sich daran, sein Gelübde einzulösen und »Das Lied von Bernadette« zu schreiben. Den Roman strukturierte er in Anlehnung an den Rosenkranz, was zunächst schon aus der Einteilung in fünf Reihen zu je zehn Kapiteln hervorgeht, dann auch aus der Überschrift des 50. Kapitels: »Das fünfzigste Ave«.

Werfel hatte damals keine Ahnung, daß er im Begriffe war, einen Bestseller zu verfassen. Oft sagte er zu seiner Frau, daß »seine Bernadette« kaum jemanden interessieren würde. Jedoch geschah das Unerwartete. Das Buch wurde ein großer Erfolg. Als der »Book-of-the-Month-Club« es 1942 annahm und 1943 der Bernadette-Film gedreht wurde, blieb auch der finanzielle Erfolg nicht aus.

Das persönliche Vorwort, das er dem Roman vorausgeschickt hatte, erregte den Unmut mancher Zeitgenossen, so den von Thomas Mann. Die meisten Kritiker zeigten sich jedoch von dem Buch trotz mancher Schwächen im ganzen sehr beeindruckt. Joachim Maas nannte dieses Buches wegen Werfel »ein Genie der Frömmigkeit, das sich in der Literatur verirrt habe.«[7)] In einem Brief an diesen J. Maas sprach sich Werfel über seinen »unmodernen, ja aufreizend antimodernen Roman« so aus: »In Bernadette liegt der ganze Nachdruck auf dem Mysterium selbst und auf der ›Unschuld‹ der Heldin in jedem Sinn. Vielleicht ist das am schwersten zu begreifen. Wir verlieren beim Anblick eines solchen Wesens den Glauben an die rettende Kraft ›der guten Werke‹, wir fühlen die Verdammnis unseres Wesens heilloser, die durch die Erbsünde prästabilisierte Ohnmacht, wir wähnen uns ausgeschaltet von der Möglichkeit der Gnade, der Begnadigung . . .«[8)]

Am 26. August 1945 machte ganz unerwartet ein Herzschlag dem Leben und Schaffen des Dichters ein Ende.

»Sein Denken und Fühlen war, vor allem in den letzten Lebensjahren, dem christlich-katholischen Kulturkreis eng verbunden, der großen Dominante, der Wirklichkeit in ihm: der Kirche. Er liebäugelte, wie Thomas Mann sagte, mit Rom und hatte eine ›fromme Schwäche fürs Kirchlich-Vatikanische‹. Zur Konversion neigend, hat Franz Werfel diesen letzten Schritt für sich jedoch abgelehnt, nicht aus Unglauben oder Unwahrhaftigkeit, sondern aus der Erfahrung und Erkenntnis heraus, daß ein Jude sein Judentum nicht verleugnen und nicht verraten dürfe in einer Zeit, die sich in Radikalismus und Brutalität gegen das Judentum wendet. Dem verfolgten Judentum auf diese Weise treu bleibend, hat er . . . die zentrale Bedeutung des Christentums für sein Schaffen und Wirken in sich bewahrt, indem er der gebotenen Wirklichkeit diente, dem Göttlichen inmitten einer entgötterten Zeit, die den Blick für das Erhabene verloren hatte, den Blick für das Wunder und für das Wunderbare.«[9)]

Wenn wir noch genauer zusehen, warum sich Franz Werfel nicht taufen ließ, können wir auf Worte zurückgreifen, die er in seiner Abhandlung »Zwischen oben und unten« geschrieben hatte:

»Ein Jude, der vors Taufbecken tritt, desertiert in einer dreifachen Klimax«: einmal verließe er die Partei der Schwachen, der zum Leiden Bestimmten; weiter desertierte er nicht nur aus dem gegenwärtigen, sondern aus dem Israel »bis in die Tiefen zu Abraham, Isaak und Jakob hinab«, und endlich desertierte er »Christum selbst, da er in Willkür sein historisches Leiden – die Buße für die Verwerfung des Messias – unterbricht und in einer eiligen, im Heilsdrama nicht vorgesehenen Weise, dem Erlöser an die Seite tritt, wohin er vielleicht nach dessen heiligem Willen gar nicht gehört, zumindestens noch nicht, und nicht jetzt und hier.« Der Jude hat – wie Franz Werfel es sah – den Auftrag zum

Unterschiedensein und den Auftrag zum Leiden mit seinem Volk und wie sein Volk. Das Leiden Israels ist für Werfel das deutlichste und wirklichste Zeugnis für den Heilsplan Gottes, Israel ist der einzige »reale Zeuge der göttlichen Offenbarung«[10], wie der Rabbiner Fürst in Werfels Romanfragment »Cella oder die Überwinder« aus dem Jahre 1938 sagt. Im Jahre 1944, »während in den Vernichtungslagern des nationalsozialistischen Deutschland die Juden der entsetzlichsten Heimsuchung ihrer Geschichte ausgesetzt waren, schrieb Werfel: ›Und doch tut der Gott Abrahams, Isaaks und Jakobs in unserer Zeit an Israel ein Zeichen und Wunder, das die biblischen Vergeltungswunder überschattet. Während einer einzigen Generation hat er den Feind größer gemacht als Pharao, Nebukadnezar und Antiochus zusammengenommen, und ehe diese Generation noch den Tod verkostete, stürzte er den Erzfeind in den Abgrund von Schmach, Hohn und Schmutz wie noch keinen andern, damit sich die Verheißung an Abraham und seinem Samen zumindest im Negativen immer wieder erfülle. Welch ein Triumph, sollte man denken! Welch unermeßlicher Jubel im Herzen dessen, an dem sich die göttliche Verheißung so wunderbar wieder und wieder offenbart hat am heutigen Tag! Aber wie könnte Triumph und Jubel empfinden ein leeräugiger, zerzauster Greis, der mit dem Grabscheit in der Hand einherwankt in der Podolischen Steppe, um seine Toten zu finden und zu bestatten?‹«[11] »Diese Sätze klingen vermessen, und doch zeichnet Werfel hier nur die Konsequenzen seines Ansatzes zu Ende. Wenn nämlich das Leiden Israels – nach Werfels Überzeugung – den Heilsplan Gottes bestätigte, mußte auch noch dieser Ausbruch einer kaum glaubhaften Brutalität seinen Sinn haben.«[12]

Als am 29. August 1945 für den verstorbenen Franz Werfel in der Kapelle der »Pierce Brothers Begräbnisgesellschaft« in Beverly Hills die Bestattungsfeier gehalten wurde, sang Lotte Lehmann zu Bruno Walters Begleitung. Die Gedenkrede aber hielt Abbé Georg Moenius, nicht als Vertreter der katholischen Kirche, sondern als Freund des Heimgegangenen. Zwar hatte der Erzbischof John J. Cantwell die Dispens für ein kirchliches Begräbnis erteilt, doch wurde ein solches von den Hinterbliebenen abgelehnt.[13]

Schon nach dem Erscheinen von »Das Lied von Bernadette« war in Zeitungsberichten das Gerücht aufgetaucht, Werfel habe sich taufen lassen. Sogar der (allerdings nur auszugsweise) veröffentlichte Antwortbrief an Erzbischof Francis J. Rummel von New

Orleans ließ die Gerüchte nicht verstummen. Nach dem Tod des Dichters hörte man, er habe auf dem Sterbebett die Nottaufe empfangen, und man wußte sogar von einem Kapuziner zu berichten, der an Werfels Bett im Gebet gekniet habe. Die geschichtliche Wahrheit ist jedoch, daß Werfel ungetauft starb. Er blieb seiner eigenartigen Behauptung treu, die er in seiner Abhandlung »Zwischen oben und unten« so ausgesprochen hatte: »Selbst für einen Juden, der Jesum Christum für den wahrhaftigen, in der Geschichte realisierten Messias und sogar für Gottes Sohn hält, ist Taufe und Übertritt nicht adäquat. Ihm eignet eine durchaus verschiedene Stellung zu dem Christusereignis als es die der ›Völker‹ ist, das heißt der christgewordenen Heiden. Er gehört einer völlig anderen Ordnung an wie sie. Der Jude ist durch Taufe und Glauben allein nicht ›heilbar‹.«[14)]

Dennoch – so dürfen wir annehmen – wird der Jude Werfel das Heil erlangt haben. Er wird auf die Fürsprache Mariens und der kleinen Seherin Bernadette heimgefunden haben zum Messias und in das Reich Gottes im Himmel, den er in seinem Suchen nach der vollen Wahrheit und in seinem Eintreten für sie wahrlich nicht »veruntreut« hat.

Was der jüdische Schriftsteller Franz Werfel bei seiner Hinwendung zum katholischen Glauben zuletzt nicht mehr gewagt hat, nämlich den Eintritt in die katholische Kirche durch die Taufe, das hat ein anderer, mindestens ebenso bedeutsamer jüdischer Schriftsteller, nämlich Alfred Döblin (* 10. August 1878 in Stettin, † 28. Juni 1957 in Emmendingen bei Freiburg im Breisgau) doch gewagt, wahrscheinlich deshalb, weil 1941, im Jahr der Konversion A. Döblins, vom Holokaust an den Juden noch nicht so viel bekannt war wie damals, als Franz Werfel für die Konversion reif geworden war, nämlich im Jahr seines Todes, 1945. Vielleicht könnte man fragen, ob A. Döblin den Schritt in die katholische Kirche zusammen mit seiner Familie getan hätte, wären ihm alle nationalsozialistischen Greuel am jüdischen Volk schon bekannt gewesen. Immerhin, der agnostische Jude A. Döblin, der 1933 nach Frankreich und dann weiter nach den USA emigrierte, und der beruflich ein menschenfreundlicher, hilfsbereiter Arzt, weltanschaulich ein humanistischer Sozialist, intellektuell ein sehr scharfer Kritiker aller gesellschaftlichen Mißstände war, wandte sich immer mehr dem christlichen Glauben zu und ließ sich im November 1941 taufen.

Seine Romane »Berlin Alexanderplatz« und »November 1918« gehören zweifellos zu den bedeutendsten literarischen Zeugnissen unseres 20. Jahrhunderts: Der große vierbändige Roman »November 1918« spiegelt bereits seine Auseinandersetzung mit Sozialismus und Christentum. Sein Tagebuch »Schicksalsreise« (1946), seine religiösen Dialoge »Der unsterbliche Mensch« (1946) und der fünfteilige Roman »Hamlet oder die Nacht nimmt kein Ende« (geschrieben 1946, erschienen 1956) legen von seiner überzeugten und überzeugenden Hinwendung zum Christentum Zeugnis dafür ab, was er einmal so aussprach: die tiefste Hoffnung des Menschen ist im Kreuz Jesu Christi zu erkennen.

1) vgl. Benno v. Wiese, Deutsche Dichter der Moderne. Ihr Leben und Werk, Berlin 1965, S. 281.
2) B. v. Wiese, a. a. O., S. 281.
3) vgl. Lore B. Foltin, Franz Werfel, Stuttgart 1972, S. 18.
4) vgl. Franz Werfel, Zwischen oben und unten, S. 297 f.
5) vgl. B. v. Wiese, a. a. O., S. 281.
6) vgl. L. B. Foltin, a. a. O., S. 36.
7) L. B. Foltin, a. a. O., S. 101.
8) L. B. Foltin, a. a. O., S. 101.
9) vgl. Herbert Ahl, Literarische Portraits, München 1962, S. 195 – 196.
10) vgl. Franz Werfel, Erzählungen aus zwei Welten, Bd. 3, S. 227.
11) Franz Werfel, Zwischen oben und unten, S. 304.
12) vgl. B. v. Wiese, a. a. O., S. 282 – 283.
13) vgl. L. B. Foltin, a. a. O., S. 108.
14) vgl. Franz Werfel, Zwischen oben und unten, S. 283.

15. Hildegard Burjan
(† 11. Juni 1933)

Eine besonders beachtenswerte Konvertitin aus dem Judentum, die sich um Österreichs Menschen und seine Gesetzgebung große Verdienste erworben hat, ist Hildegard Burjan, geborene Freund. Der Wiener Kirchenhistoriker Franz Loidl hat diese Frau im Geleitwort zu der von Louis Bosmans verfaßten Biografie »Hildegard Burjan, Leben und Werk«[1] so charakterisiert: »Sie war eine Wahrheitssucherin, eine konsequente Konvertitin, ganz erfaßt vom hart errungenen Christentum, durchdrungen vom Geist der Bergpredigt. Es drängte sie zur Verwirklichung aller möglichen sozial-caritativen Werke, wobei ihr sogar die Gründung einer sozial-caritativen Schwesternschaft, der »Caritas Socialis« gelang . . . Sie war eine Frau mit mütterlichem Herzen, eine Führerin mit einmaligem Weitblick, eine Christin voll von Unternehmungsgeist, die von der Kirche wahrhaft durch die Seligsprechung als Vorbild hingestellt zu werden verdient.«[2]

Am 30. Januar 1883 wurde Hildegard Lea Freund in Görlitz, der Hauptstadt der Lausitz im damaligen Preußisch-Schlesien, als zweite Tochter des jüdischen, aber konfessionslosen Kaufmanns Abraham Adolph Freund und der aus angesehener jüdischer Familie stammenden Berta Sochaczewska geboren.

Sie besuchte in Görlitz die Volksschule. Da die Eltern 1895 für einige Jahre nach Berlin übersiedelten, setzte Hildegard in Berlin am Mädchen-Lyzeum »Charlottenschule« ihren schulischen Bildungsweg fort.

Im Jahre 1899 übersiedelte die Familie Freund nach Zürich, wo der Vater Generalvertreter deutscher Textilfabriken in der Schweiz geworden war. In Zürich besuchte Hildegard die Großmünsterschule. Am 19. März 1903 legte sie in Basel mit Auszeichnung die Reifeprüfung ab.

Die konfessionslos aufgewachsene Hildegard zeigte, wie aus Tagebuchaufzeichnungen aus der Zeit zwischen ihrem 16. und 22. Lebensjahr hervorgeht, ein »ungemein zielbewußtes, klares Streben nach dem für sie damals faßbaren Ideal einer ethischen Persönlichkeit.«[3] »Die heroischen Energien ihres starken Willens setzte sie dafür ein, Ziel und Zweck des Erdendaseins zu ergründen und – einmal gefunden – ihr Leben danach zu ordnen, ohne Rücksicht darauf, welche Opfer an Selbstverleugnung es kosten würde.«[4)]

Vom Sommersemester 1903 bis zum Sommersemester 1908 war Hildegard Freund an der Philosophischen Fakultät der Universität Zürich inskribiert und studierte verschiedene Teilfächer der Germanistik, nahm zuletzt aber auch an Kursen des bekannten Moralpädagogen Friedrich Wilhelm Foerster und des Kulturphilosophen Robert Saitschik teil. Aus der Philosophie dieser beiden Professoren schöpfte sie starke Impulse für ihr rastloses Suchen nach Wahrheit, nach dem letzten Sinn und Zweck des Lebens. So kam sie dem Christentum immer näher. Vor allem für Professor R. Saitschik, der bestimmend in ihr religiöses Leben eingriff, war Hildegard fast jugendlich schwärmend begeistert. Über Professor Saitschik schrieb sie in ihr Tagebuch: »Den Eindruck, den dieser seltene Mann auf mich machte, werde ich nie vergessen . . . Ein Mensch, der bei jedem das Edle, das in ihm schlummert, und sei es noch so wenig, zu wecken versteht, und der so schön den Weg zu allem Guten, Hohen zeigt, der einem das Leben lebenswert erscheinen läßt, steht über aller Kritik. Da gibt es nur eines und das ist: kämpfen gegen seine eigenen Schwächen und Fehler, um wenigstens im Leben einmal auf seinem Platz einen kleinen Teil von dem zu verwirklichen, was er voll und ganz ist.«[5)]

Durch den Einfluß von Professor Saitschik, der selbst an der Schwelle zur katholischen Kirche stand, kam Hildegard dem katholischen Glauben immer näher. Zur Konversion kam es aber noch nicht. Sie wollte sich in dieser wichtigsten Entscheidung ihres Lebens nicht von persönlichen Neigungen und von der schwärmerischen Begeisterung für Professor Saitschik leiten lassen. Sie ging darum im Herbst 1905 nach Berlin und belegte an der dortigen Universität Sozialpolitik und Nationalökonomie. Gleichzeitig vertiefte sie sich in das Studium der katholischen Glaubenslehre.

Noch ein weiterer entscheidend wichtiger Grund für die Übersiedlung nach Berlin lag damals vor: Hildegard Freund hatte im Januar 1905 bei einem Beethoven-Konzert in der »Tonhalle« in Zürich den in Györ (Raab) in Ungarn 1882 geborenen Technikstudenten Alexander Burjan kennengelernt. Genau wie Hildegard entstammte auch er jüdischen, aber völlig religionslos gesinnten Eltern. Auch er hörte bei seinem ernsthaften Suchen nach dem tieferen Sinn des Lebens Vorlesungen der Professoren Friedrich Wilhelm Foerster und Robert Saitschik. Die beiden jungen Menschen kamen bald zu dem Entschluß, den weiteren Weg durchs Leben gemeinsam zu gehen. Gegen den Willen ihrer Eltern verlobten sie sich am 17. März 1905. Alexander Burjan, der nach Abschluß seiner Studien am Eidgenössischen Polytechnikum in Zürich am 28. November 1905 eine erste Anstellung als Dipl.-Ingenieur bei der AEG in Berlin erhalten hatte, vermählte sich am 2. Mai 1907 mit Hildegard Freund vor dem Standesamt Charlottenburg-Berlin und mietete in Berlin zusammen mit seiner jungen Frau Hildegard, die am 8. Februar 1908 ihr Studium an der Philosophischen Fakultät der Universität Zürich mit dem Dr. phil. abgeschlossen hatte, eine Wohnung.

Da der Vater Hildegards am 28. November 1905 im 63. Lebensjahr in Zürich gestorben war, übersiedelte die verwitwete Mutter zu ihrer Tochter nach Berlin und half fortan dieser in der Haushaltsführung. So konnte die junge Ehefrau Hildegard Burjan weiter auch ihren wissenschaftlichen Interessen nachgehen und an der Berliner Universität Nationalökonomie und Sozialpolitik studieren. Daneben widmete sie sich sehr intensiv dem Studium religiöser Literatur. Dadurch wuchs sie immer mehr in katholisches Denken hinein. Bald schon war sie im katholischen Glauben so sattelfest, daß keine intellektuellen Einwände mehr der Konversion entgegenstanden. Diese wurde aber noch durch schwere Erkrankung hinausgeschoben. Hildegard Burjan ließ sich aber bereits bewußt in das katholische St.-Hedwig-Krankenhaus einliefern, wo sie in einem sieben Monate dauernden Aufenthalt vier große und mehrere kleinere Operationen über sich ergehen lassen mußte. Täglich sah Hildegard Burjan im Krankenhaus das selbstlose Wirken der katholischen Ordensschwestern und wurde dadurch stark beeindruckt. Dabei wurden die letzten gefühlsmäßigen Hemmungen, die noch der Konversion entgegenstanden, abgebaut. Sie gestand später ihrer Taufpatin Anna Weltmann, verehelichter Briefs: »So etwas wie diese Schwestern kann der natürliche, sich selbst überlassene Mensch nicht vollbringen. Fr. W. Foerster und R. Saitschik konnten mich nicht (von der Richtigkeit des katholischen Glaubens) überzeugen, da habe ich nun aber (an den Schwestern) das Wirken der Gnade erlebt. So konnte mich nichts mehr (von der Konversion) zurückhalten.«[6)]

Bei einem ganz schweren gesundheitlichen Rückschlag, der sie dem Tod nahebrachte und die ärztliche Kunst völlig am Ende zu sein schien, ereignete sich am Ostersonntag, dem 11. April 1909, eine plötzliche Heilung der Patientin. Sie hat diese später immer als ein ausgesprochenes Wunder empfunden. Nun erbat sie sich einen Priester, der ihr den abschließenden Konvertitenunterricht erteilen sollte. Dieser Priester, P. Rauterkus SJ, brauchte der Konvertitin nur noch die Liturgie der Sakramente zu erklären. Am 11. August 1909 wurde Dr. Hildegard Burjan in der Marienkapelle des St.-Joseph-Krankenhauses in Berlin-Ost, Niederwallstraße, getauft.

Über die Auswirkung der Konversion schrieb ihre Schwester Alice Freund in einem Brief vom 8. März 1954: »Nach ihrer Konversion war Hildegard mir und der Familie gegenüber gar nicht anders. Ein einziges Mal im Leben hatte ich das Gefühl, daß sie mich für den Katholizismus gewinnen wollte. Sie erklärte mir vieles und wir sprachen stundenlang darüber. Als ich ihr aber am Schluß sagte, daß für mich der Übertritt unmöglich wäre, sagte sie ganz freundlich: ›Ich habe dir alles gesagt, weil ich, erst seit ich katholisch bin, wirklich glücklich bin, und da ich dich so lieb habe, würde ich dich auch gerne so glücklich sehen.‹ Während eine mir nahestehende Freundin, die auch zum Katholizismus übergetreten war, mich immer wieder drängte, auch zu konvertieren, kam meine Schwester Hildegard nach meiner Weigerung nie mehr auf diesen Punkt zurück, aber sie war deswegen nicht weniger gütig und liebevoll zu mir.«[7)]

»Seit ich katholisch bin, bin ich wirklich glücklich.« Dieses Wort von Frau Dr. Burjan gilt für die folgenden Wochen, die sie in Berlin an der Seite ihres Gemahls lebte, auch wenn sie damals gesundheitlich an den Folgen ihrer schweren Erkrankungen und an den vier schweren Operationen, die sie hatte durchmachen müssen, immer zu leiden hatte und nicht einen Augenblick in ihrem weiteren Leben ohne Schmerzen war.

Frau Dr. Hildegard Burjan hatte in Berlin auch sehr guten Kontakt zu aktiven katholischen Frauen gewonnen, vor allem durch ihre Taufpatin Anna Weltmann, die Gattin des bekannten Professors für Nationalökonomie, Dr. Goetz Briefs, die Leiterin der Sozialen Frauenschule des Katholischen Frauenbundes in Berlin war. In der Reichshauptstadt blühte die katholische Kirche damals zwar mächtig auf, blieb aber doch zahlenmäßig sehr stark in der Minderheit in einer größtenteils protestantischen Umgebung. Hildegard Burjan aber sehnte sich danach, in katholischer Umgebung leben zu können. Dieser Wunsch ging 1909 in Erfüllung. Als ihr Gemahl, Alexander Burjan, der Ingenieur bei einem der größten Elektrizitätskonzerne in Berlin war, die Stelle eines Oberingenieurs bei der österreichischen Telefonfabrik A. G. in Wien angeboten bekam, übersiedelte das junge Paar Ende August 1909 nach Wien, wo die Konvertitin bald mit führenden katholischen Kreisen bekannt wurde.

Kurze Zeit nach der Übersiedlung in die österreichische Bundeshauptstadt wurde Hildegard Burjan schwanger, wohlgemerkt zu ihrer eigenen und ihres Gemahls größten Freude, aber zum Entsetzen der Ärzte, die die Schwangerschaft, so schnell nach so schweren Operationen, für eine absolute Lebensgefahr hielten und darum zur Abtreibung rieten. Hildegard Burjan aber lehnte einen solchen Eingriff mit größter Entschiedenheit ab und erklärte in echt katholischer Einstellung: »Das wäre Mord! Wenn ich sterbe, so bin ich eben ein Opfer meines Mutterberufes, aber das Kind soll leben.« Am 27. August 1910 schenkte Hildegard Burjan einer Tochter das Leben, die in der Taufe am 18. September 1910 den Namen der Caritasheiligen Elisabeth erhielt. Die Entbindung war zwar sehr schwer und mit einer Gehirnembolie verbunden, aber sowohl das Kind als auch die Mutter blieben am Leben und für die Mutter begann nun eigentlich erst der fruchtbarste Abschnitt ihres Lebens. Vier Tage vor der Niederkunft hatte die werdende Mutter eine ganz große Freude erlebt, nämlich die Taufe ihres Gatten, des Diplom-Ingenieurs Alexander Burjan, am 23. August 1910, der nun ebenfalls aus dem Judentum zum Katholizismus konvertierte. Der echte, starke Glaube, den er vor allem in den Tagen des schweren Leidens an seiner Gemahlin bewundern konnte, war Anlaß dazu, alle noch bestehenden Hindernisse und Bedenken gegen die Konversion beiseite zu schieben.

Will man das weitere Leben von Frau Dr. Hildegard Burjan in Wien richtig einschätzen, so gehört neben dem körperlichen Leidensweg, den sie auch in Wien zu gehen hatte, besonders die Auswirkung der erlangten Gnade des wahren Glaubens hervorgehoben. Denn diese brachte in ihr weiteres Leben die große Wende: Sie hatte auf den Gnadenruf Gottes gehorcht und wußte sich nun ganz Gott gehörig und dazu verpflichtet, aus dem christlichen Glauben heraus sich restlos und ganz in den Dienst der Kirche und sozial benachteiligter, notleidender Mitmenschen zu stellen. Sie war die erste und einzige christliche Frau, die 1919 als Abgeordnete in das Parlament der Republik Österreich einzog. Aus christlicher Verantwortung und im Ausblick auf die Einflußnahme auf die soziale Gesetzgebung nahm Hildegard Burjan diese Belastung auf sich und wurde »das Gewissen des Parlaments«, wie der damalige Wiener Erzbischof Kardinal Gustav Piffl von ihr sagte.

Während ihrer politischen Tätigkeit im österreichischen Nationalrat setzte sie sich in unzähligen Reden, Vorträgen und Schulungskursen im Sinn des katholischen Glaubens für soziale Gerechtigkeit und christliche Sittlichkeit ein. Sie engagierte sich für die Fürsorge und soziale Hilfe an sittlich Entgleisten, an geschlechtskranken Frauen und Mädchen, sie sorgte sich um Hilfe für ledige Mütter und deren Kinder, sie stellte sich hilfsbereit und fördernd der Bahnhofsmission und dem Mädchenschutz an die Seite, sie kümmerte sich um Unterkunft für obdachlose Frauen, sie gründete die Schwesterngemeinschaft der »Caritas socialis« und war dieser Gemeinschaft Führerin und Mutter. Das unermüdliche Schaffen dieser edlen, selbstlosen Frau verbrauchte ihre ohnedies schwer angeschlagene Lebenskraft und führte allzu früh zum Tod. Tapfer bejahte sie diesen und sagte: »Mein Sterben ist ein einziges großes Deo gratias!«

In der Nachricht über den Tod von Frau Dr. Hildegard Burjan, der am 11. Juni 1933 erfolgt war, hieß es in der Presse von dieser heiligmäßigen, tapferen Frau: »Trotz beständiger schwerster Leiden weihte sie alle ihre reichen Kräfte und Gaben in selbstloser Hingabe ihrer Familie und ihren sozialen Werken zur Rettung Notleidender, insbesondere als Vorsteherin der ›Sozialen Hilfe‹ und der ›Caritas socialis‹.«

Auf dem ihr gewidmeten Gedenkstein in der Dr.-Seipel-Gedächtniskirche (Christkönigskirche) im 15. Wiener Gemeindebezirk stehen die Worte: »Der edlen und großen Frau Dr. phil. Hildegard Burjan, die aus heroischem Glaubensmut ihr Leben dem Dienste Gottes in den Werken der Nächstenliebe opferte. Sie gründete die Soziale Hilfe und die Caritas socialis und errichtete ihrem großen Zeitgenossen Dr. Ignaz Seipel nach seinem Tode diesen Gedächtnisbau: Es war ihr letztes Lebenswerk, durch das leidvolle Menschen aus der Not der Seele und des Leibes zu Gott geführt werden sollten. ›In Te, Domine, speravi. Non confundar in aeternum.‹«

Mit Recht und hoffentlich mit baldigem positiven Ergebnis wurde der Seligsprechungsprozeß dieser großen Frau begonnen. Die nur 50 Jahre zählende Spanne ihres Lebens war der Zeitraum eines außergewöhnlichen Weges, wie ihn nur wenige Frauen ihrer Generation gegangen sind. Das halbe Jahrhundert, das seit ihrem Tod vergangen ist, hat gezeigt, wie lebendig der Glaube, die Tatkraft und die Phantasie dieser Frau waren, bei der nichts selbstverständlich war.

Es war für eine Frau um die Jahrhundertwende keine Selbstverständlichkeit, ein volles akademisches Studium zu absolvieren. Ihre enorme Tatkraft hat sie einem Leiden abzuringen gehabt, das sie seit ihrer schweren Krankheit die ganze zweite Hälfte ihres Lebens nicht mehr los wurde. Es war vor allem auch keine Selbstverständlichkeit, daß sie als konfessionslose jüdische Frau zur tiefgläubigen Christin und überzeugten Katholikin wurde. Und es war schließlich nicht selbstverständlich, daß sie als Frau eines Industriellen eine eigene politische Tätigkeit und ein intensives soziales und caritatives Engagement entfaltete. Hildegard Burjan hat sich mit Selbstverständlichkeiten nie zufrieden gegeben. Das macht sie für die auf ihr Leben Zurückblickenden bis heute so authentisch. Vermutlich konnte nur ein Mensch von so klarem Profil und geduldigem Mut die Wirren des Kriegsendes von 1918, des Zusammenbruchs der Österreichisch-Ungarischen Monarchie und der damals aufkommenden kämpferischen Kirchenfeindschaft in der ersten österreichischen Republik nicht nur überstehen, sondern kreativ nützen. Sie organisierte und inspirierte eine ganze Reihe sozialer Aktionen, verlieh diesen durch die Gründung der Gemeinschaft der Caritas socialis 1919 Zusammenfassung und Fundament. Sie half dabei vielen Menschen aus erschreckender Hoffnungslosigkeit heraus und reifte selber zur Vollkommenheit und Heiligkeit heran.

1) Louis Bosmans, Hildegard Burjan, Leben und Werk, Wien 1982
2) vgl. L. Bosmans, a.a.O. S. 7
3) vgl. L. Bosmans, a.a.O. S. 18
4) vgl. I. Burjan-Domanig, Hildegard Burjan. Frau der sozialen Tat, Salzburg 1950, S. 9
5) vgl. I. Burjan-Domanig, a.a.O. S. 10
6) vgl. L. Bosmans, a.a.O. S. 23
7) vgl. L. Bosmans, a.a.O. S. 25

16. Karl Stern
(† 7. November 1975)

Ein sehr bedeutender Psychiater, der wegen der Judenverfolgung 1941 aus Deutschland emigrierte und in Kanada zum katholischen Glauben fand, war Dr. Karl Stern. Auch er sei hier noch kurz geschildert, denn er hat in seinem Buch »The Pillar of Fire« (Die Feuersäule [New York 1951, 2. Auflage 1959]) sein Leben und seine Konversion überaus anschaulich beschrieben.

Er wurde am 8. April 1906 in der 9000 Einwohner zählenden Stadt Cham im bayerischen Wald, die eine tief eingewurzelte Judengemeinde hatte, als erstes Kind des jüdischen Textilkaufmanns Adolf Stern und der gläubig frommen Jüdin Ida Rosenbaum geboren. Vorfahren väterlicherseits waren in Cham Rabbiner gewesen.[1)]

Die Mutter zeichnete sich in religiöser Hinsicht durch große Wohltätigkeit und Toleranz aus und feierte in der Familie nicht bloß die jüdischen, sondern auch die christlichen Feste, so daß sie zum Beispiel zu Weihnachten in der Wohnung auch einen Christbaum aufstellte und schmückte und neben hebräischen Liedern auch »Stille Nacht« erklang.

Nach dem Kindergarten kam Karl in die katholische Klosterschule der Maristen in Cham, so daß er neben dem jüdischen Religionsunterricht durch den Kantor der jüdischen Gemeinde schon als Kind in etwa die katholischen Glaubenswahrheiten und das Neue Testament kennenlernte. Mit elf Jahren kam Karl Stern zur weiteren schulischen Ausbildung nach München, wo er bei der gläubigen jüdischen Familie Kohen wohnte, in der der Sabbat und die jüdischen Feste und Bräuche genau beobachtet wurden und eine viel gläubigere jüdische Atmosphäre herrschte als im Elternhaus in Cham. Während der Ferien im Elternhaus setzte Karl Stern seine Familie in Erstaunen durch seine streng orthodox jüdische Lebensführung. Anders wurde es dann während des Medizinstudiums an der Universität München, wo er vom Materialismus und Skeptizismus angesteckt wurde. 1930 wurde der Medizinstudent, der sich für die Psychiatrie spezialisiert hatte, zum Dr. med. promoviert. In seiner Münchner Studienzeit war Karl Stern trotz seiner materialistischen Einstellung doch tief beeindruckt worden durch die gläubige lutherische Familie seines Freundes Erich v. Bayer und deren katholisches Dienstmädchen Kathi Huber. Im Jahre 1931 berief Professor Volhard seinen Lieblingsschüler Karl Stern nach Frankfurt an die Universitätsklinik und beauftragte ihn mit Vorträgen über Innere Medizin. Im Sommer 1932 sandte er seinen Assistenten an das von der Rockefeller-Stiftung finanzierte Forschungsinstitut in München, um da seine psychiatrischen und neurologischen Studien weiterzuführen.

In der Zeit nach 1933, da der Nationalsozialismus zur Herrschaft gelangt war und der Antisemitismus zu wüten begann, besann sich der jüdische Assistent Dr. Karl Stern wieder auf seine jüdische Herkunft und begann aufs neue den mosaischen Glauben zu praktizieren. Gleichzeitig aber geriet der junge Psychiater damals mehr und mehr unter den Einfluß des Christentums.

An einem Sabbat-Abend wohnte Dr. Karl Stern in München einer Bibelstunde bei, in der gerade die Gottesknecht-Lieder (Jes. 49–53) erklärt wurden. Der Leiter der Bibelstunde meinte zuletzt: »Wenn wir die 2000 Jahre der Zerstreuung (Galuth) betrachten, ist man fast versucht zu fragen, ob Jesus nicht der erwartete Messias sei . . .« Dann verwarf er diese Behauptung gleich darauf als Verrücktheit. Dr. Karl Stern aber fragte ihn nun: »Woher wissen Sie, daß Jesus es nicht war?« Im Advent 1933 hielt Kardinal Michael von Faulhaber in St. Michael in München seine berühmten Predigten über »Judentum und Christentum«. Durch Plakate war Dr. Karl Stern darauf aufmerksam geworden. Er hörte sich diese Predigten an. Der Eindruck auf ihn war gewaltig. Er schildert ihn selber so in seinem Buch »The Pillar of Fire«: »Ein ganz neuer Horizont öffnete sich mir, ich fühlte mich wie ein Kind, das sein Vaterhaus und den Garten nur innen kennt und dem zum ersten Mal gezeigt wird, daß dies nur ein Teil einer weiten Landschaft ist.« Dr. Stern dachte bei sich, daß ihn eigentlich nichts von den Christen trenne als nur die Antwort auf die Frage, die einst Christus an Petrus gestellt hatte: »Und ihr, für wen haltet ihr Mich?« Nur sehr langsam reifte er dabei zur Antwort heran, die damals Petrus dem Herrn Jesus Christus gegeben hat: »Du bist Christus, der Sohn des lebendigen Gottes!«

Erst mußte noch die leidvolle Emigration folgen. Nach vielem Flüchtlingselend erhielt Dr. Karl Stern 1936 einen Posten am »Medical Research Council« und am »Nat. Hospital for Nervous Diseases« in London. Dabei vergrub er sich für drei Jahre lang fast ganz in die wissenschaftliche Forschung und in Experimente der Gehirnkrankheiten. In London fand er aber auch seine Braut, die Schwester seines Münchener Freundes Erich v. Bayer, Liselotte

v. Bayer, die er 1936 heiratete. Mit ihr und dem Kind Anton emigrierte Dr. Karl Stern 1940 weiter nach Kanada, wo er einen Posten an der McGill Universität in Montreal fand, wo er zuerst Lektor für Neuropathologie, dann ab 1944 Assistent-Professor für Psychiatrie wurde und schließlich von 1952 bis 1975 als ordentlicher Professor für Psychiatrie an der Universität Ottawa wirkte. Daneben war er Chef-Psychiater am St. Mary's Hospital in Montreal und leitender Mitarbeiter der kanadischen Abteilung der UNESCO sowie Mitglied verschiedenster wissenschaftlicher Gesellschaften für Psychiatrie, sowie Honorarprofessor und Ehrendoktor mehrerer Universitäten.

Der überaus angesehene Psychiater Dr. Karl Stern fand in Kanada durch angesehene Freunde, die ihm den katholischen Glauben in wahrhaft glaubwürdiger Weise vorlebten, immer mehr zu Christus. Es waren dies vor allem der katholische Philosoph Jacques Maritain, die Dichterin Dorothy Day und der Dominikaner P. Couturier.

Dr. Karl Stern erkannte immer stärker, daß das Christentum von ihm, dem Juden, eigentlich keine Abschwörung verlange, daß er vielmehr die Werte der Vergangenheit und alles, was er bisher geliebt hatte, festhalten könne, wenn er den Schritt vom Judentum zum Christentum mache. Er war schließlich voll überzeugt: Ein Jude, der sich zu Christus als zu seinem Messias bekennt, begeht keinen Verrat, er findet im Gegenteil in Ihm alles noch mehr als er je hoffen konnte. Christus ist für ihn die Feuersäule auf der Wanderung durch die Wüste des Lebens.

Nachdem Karl Sterns Frau Liselotte mit den beiden Kindern Anton und Catharina schon am Gründonnerstag 1941 durch die hl. Taufe in die katholische Kirche aufgenommen worden waren, schlug auch für Dr. Karl Stern am 20. Dezember 1943 die große Gnadenstunde. Tags darauf, am 21. Dezember 1943, empfing er die Erstkommunion und freute sich mit dem Tagesheiligen, dem Apostel Thomas, über die Seligpreisung aus dem Munde Jesu: »Selig, die nicht sehen und doch glauben!«

Beachtenswert ist, was dieser bedeutende jüdische Konvertit über seinen eigenen Konversionsbericht »The Pillar of Fire« (Die Feuersäule) in einem Brief an seinen zehn Jahre jüngeren Bruder Ludwig, der das Konzentrationslager Buchenwald durchgemacht hatte, nach London schrieb: »Ich habe dieses Buch nicht nur geschrieben, um zu erklären, wie ich Christ geworden bin, sondern auch, um den Christen zu helfen, ihre jüdischen Brüder zu verstehen . . .«

Die Bedeutung dieses Judenkonvertiten und Psychiaters wird spürbar in weiteren Werken, die er verfaßte und publizierte. Neben seinem autobiographischen Werk »The Pillar of Fire« seien genannt »The Third Revolution Study of Psychiatry and Religion« (New York 1954), »Through Dooms of Love« (London 1960), »The Flight from Women« (New York 1965) und »Love and Success and other Essays« (New York 1975).

Am 7. November 1975 holte der Messias Jesus Christus seinen treuen Diener in Westmount (Kanada) vom Glauben zum Schauen seiner Herrlichkeit.[2)]

1) vgl. F. Lelotte, Heimkehr zur Kirche, 2. Bd. (Luzern 1958), S. 27 – 43.

2) vgl. H. A. Strauss – W. Röder, International Biographical Dictionary of Central European Emigrés 1933 – 1945, Volume II/Part 2/L-Z (München – New York – London – Paris 1983), Stern Karl.

III. Vier noch lebende Judenkonvertiten im Dienste der Kirche

1. Kardinal-Erzbischof Jean-Marie Lustiger (* 17. September 1926)

Es war eine große Sensation, als Papst Johannes Paul II. im Jahre 1981 zum Nachfolger von Kardinal François Marty auf dem erzbischöflichen Stuhl von Paris den kurz zuvor erst zum Bischof von Orléans bestellten Jean-Marie Lustiger ernannte. Denn es geht bei ihm um einen Judenkonvertiten, der sich dabei seiner Zugehörigkeit zum jüdischen Volk nicht schämt, sondern diese sogar sehr betont herausstellt.

Er wurde am 17. September 1926 als Sohn jüdischer Einwanderer aus Polen in Paris geboren. Seine Mutter war während des Zweiten Weltkrieges nach Polen deportiert worden und starb im Konzentrationslager Auschwitz-Birkenau. Als 15jähriger Junge, in einem Alter also, wo sich in den deutschsprachigen Ländern gar manche Schüler der Höheren Schulen vom Religionsunterricht wegen Mangels an Interesse an religiösen Fragen und religiöser Bildung abmelden, vertiefte sich der junge Lustiger so sehr in religiöse Fragen, daß er auf der Suche nach der Wahrheit konvertierte und katholischer Christ wurde.

Wer dem jungen Lustiger dabei geistlicher Mentor war und welche Motive die Konversion auslösten, ist nicht bekannt geworden.

Er betrachtete sich jedenfalls auch weiterhin – wie er bei seiner Ernennung zum Pariser Erzbischof ausdrücklich betonte – als Jude und sieht keinen Gegensatz zwischen seiner Zugehörigkeit zum jüdischen Volk und dem nun voll bejahten christlichen Glauben.

Nach dem Studium am »Lycée Pothiers« in Orléans, am »Lycée Montaigne« in Paris und dann an der Sorbonne trat er in das Pariser Priesterseminar ein. Ein Jahr lang arbeitete er als Hilfsarbeiter in einer Fabrik. Dann wandte er sich ganz dem Theologiestudium am Pariser »Institut Catholique« zu. Das Studium schloß er mit dem

Lizenziat in Philosophie und Theologie ab. Am 17. April 1954 wurde er zum Priester geweiht. Anschließend war Abbé Lustiger längere Zeit als Studentenseelsorger tätig, wobei er reiche Erfahrung vom Leben und Treiben an der Universität sammelte. In dieser Zeit leitete er das bekannte »Centre Richelieu«.

Zehn Jahre lang war dann Abbé Lustiger Pfarrer der Pfarrei Ste. Jeanne de Chantal im vornehmlich großbürgerlichen Arrondissement von Paris (1969 – 1979). Schließlich wurde er nach dem tödlichen Unfall des Bischofs Guy-Marie Riobe von Orléans dessen Nachfolger im November 1979. Im Jahre 1981 erfolgte seine Ernennung zum Erzbischof von Paris. Am 2. Februar 1983 wurde er ins Kardinalskollegium berufen.

An Publikationen hat Kardinal Lustiger bisher homiletische und pastorale Bücher aufzuweisen wie »Sermons d'un curé de Paris« (1978), »Pain de Vie, Peuple de Dieu« (1981), »Osez vivre, osez croire« (1985), »Premiers pas dans la prière« (1986).

Aus der Tatsache, daß Erzbischof Lustiger eigentlich polnischer Herkunft ist, hat man bei seiner Ernennung eine besondere Nähe zu Papst Johannes Paul II. abgeleitet. Dieser Zusammenhang dürfte aber für seine Ernennung keine entscheidende Rolle gespielt haben, es sei vielmehr der Vorgänger Lustigers auf dem erzbischöflichen Stuhl von Paris, Kardinal François Marty, gewesen, der den Papst unter den ersten Namen auf Lustiger als seinen möglichen Nachfolger aufmerksam gemacht hat.

Der Judenkonvertit und gegenwärtige Erzbischof von Paris, Kardinal Lustiger, gilt als ein Mann konservativer Grundrichtung, der mit modernen Seelsorgemethoden spirituell zu überzeugen vermag. Er gilt aber auch als stark intellektuell geprägt. Ihm werden eine hohe Geistigkeit, starke Ausstrahlungskraft und die Gabe des Humors nachgesagt, ebenso eine feste geistige Haltung in Lehrfragen, aber auch eine große persönliche Unabhängigkeit.

Wenn Papst Johannes Paul II., der als ehemaliger Erzbischof der Diözese Krakau, in deren Gebiet Auschwitz liegt, geradezu den erklärten Willen der Kirche symbolisiert, die Beziehungen zum Judentum neu zu gestalten, wie manche seiner Ansprachen und der historische Besuch in der römischen Synagoge in erfreulicher Weise zeigen, so war es sicher keine bloße jüdisch-christliche Kuriosität, daß ein gebürtiger Jude wie Jean-Marie Lustiger unter diesem Papst zum Erzbischof von Paris und Kardinal aufgestiegen ist, zumal dieser Mann nicht zögert, auch weiterhin zu seinem Judesein zu stehen.

2. Johannes Maria Oesterreicher
(* 2. Februar 1904)

Der bedeutende Konzilstheologe und Ökumeniker Johannes Maria Oesterreicher gehört unter den noch lebenden Judenkonvertiten im Dienste der Kirche unbedingt genannt, weil er seit seiner Konversion und vor allem seit seinem Aufenthalt in den Vereinigten Staaten sehr viel für die Verständigung zwischen Juden und Christen getan hat.

Johannes Maria Oesterreicher wurde am 2. Februar 1904 in der Stadt Liebau in Mähren (CSSR) als Sohn des Nathan Oesterreicher und der Ida, geb. Zelenka, geboren.

Die Mittelschule besuchte er in Liebau und Olmütz. Dann studierte er Medizin in Wien (1922 – 1924), hierauf Theologie in Graz (1924 – 1926) und in Wien (1926 – 1928). Am 17. Juli 1927 wurde er von Kardinal-Erzbischof Gustav Piffl in Wien zum Priester geweiht. Es folgten die Jahre der Seelsorgetätigkeit, und zwar zuerst in Gloggnitz (1928 - 1931), dann im 16. Wiener Bezirk (Kreuzerhöhung, 1931 - 34) und im 4. Wiener Bezirk (Paulanerkirche, 1934 - 1938). In dieser Zeit war Kaplan Oesterreicher auch schon schriftstellerisch tätig; er schrieb Beiträge im »Missionsruf«, einer Zeitschrift der »Gesellschaft vom Weißen Kreuz« und in der Zeitschrift »Die Erfüllung«, dem Organ des »Pauluswerkes« (»Opus sancti Pauli«), das sich zum Ziel gesetzt hatte, den Juden in der begonnenen Bedrängnis und Verfehmung durch das in Deutschland an die Macht gekommene nationalsozialistische Regime beizustehen und gegen Rassenwahn und braune Ideologie anzukämpfen.

Im März 1939 wurde der Priester Johannes Oesterreicher erstmalig von der Gestapo verhört, aber wieder freigelassen. Im ersten Jahr nach der Besetzung Österreichs waren ja Priesterverhaftungen noch nicht an der Tagesordnung und auch in einem Priester jüdischer Abstammung wurde noch der Priester respektiert. Das sollte aber bald anders werden. Der Priester Oesterreicher ahnte, daß er auf der »schwarzen Liste« stand. So verließ er im April 1939 Österreich. Über die Schweiz und Italien ging er nach einem längeren Aufenthalt in Rom nach Paris, wo er vom September 1939 bis Juni 1940 blieb. Hier arbeitete er mit österreichischen Emigranten zusammen im Kampf gegen die braune Ideologie und Gewaltherrschaft, vor allem auch als Sprecher am Radio und durch Publikationen. Er brachte in dieser Zeit sein erstes Buch mit dem Titel

»Racisme, Antisémitisme, Antichristianisme« (Edition du Cerf, Paris 1939) heraus. Dieses Buch wurde nach der Eroberung von Paris durch die Deutsche Wehrmacht sofort von der Gestapo beschlagnahmt, es erschien aber 1943 neu im Verlag »La Maison Française« in New York.

Gesucht von der Gestapo, mußte der Priester Johannes Oesterreicher schließlich auch aus Frankreich fliehen. Die abenteuerliche Flucht führte ihn über Spanien und Portugal in die USA, wo er am 12. November 1940 in SS Exeter ankam. Von 1941 bis 1953 wirkte der Priester Johannes Oesterreicher in verschiedenen katholischen Pfarreien New Yorks.

Von 1944 bis 1953 war er neben seiner Seelsorgetätigkeit auch als »Research-Professor« am Manhattanville-College, Purchase, New York, tätig. Im März 1953 gründete er das »Institute of Judaeo-Christian Studies« an der Seton Hall Universität, das er bis zu seiner Pensionierung leitete. Von diesem Institut aus gelang es ihm, in den USA, wo über sechs Millionen Juden leben, also doppelt so viele wie im Staate Israel, gute Kontakte zwischen Juden und Christen herzustellen.

Auch der Hl. Stuhl wurde auf das verdienstvolle Wirken des österreichischen Judenkonvertiten aufmerksam und zog ihn zur Mitarbeit im Einheitssekretariat unter Kardinal Augustin Bea heran. Während des II. Vatikanischen Konzils nahm Johannes Maria Oesterreicher an der zweiten, dritten und vierten Sitzungsperiode als »Peritus« teil und beeinflußte sehr stark den Abschnitt über die Juden in der Konzilserklärung über die nichtchristlichen Religionen »Nostra aetate«.

Im Jahre 1966 ehrte der Papst den verdienstvollen Judenkonvertiten und Priester Johannes Maria Oesterreicher durch die Ernennung zum Ehrenprälaten, mehrere nordamerikanische Universitäten machten ihn zu ihrem Ehrendoktor und zum titulierten Universitätsprofessor. Die beiden jüdischen Gelehrten Asher Finkel und Lawrence Frizzell brachten 1981 zu Ehren von Johannes M. Oesterreicher den Sammelband »Standing before God, Studies on Prayer in Scriptures and in Tradition« heraus. Johannes M. Oesterreicher selbst publizierte mehrere Bücher, die auch in die deutsche Sprache übersetzt wurden und das Verhältnis des Christentums zum Judentum behandeln. So auch das Buch, das im amerikanischen Original den Titel trägt »The Israel of God«, in der deutschen Übersetzung aber »Der Baum und die Wurzel, Israels

Erbe – An-spruch an die Christen« (Freiburg i. Br. 1968). In diesem Buch folgt Johannes M. Oesterreicher den alttestamentlichen Spuren des Glaubens der Kirche in einer Weise, wie dies nur ein Mensch kann, der sich mit allen Fasern seines Herzens trotz seiner Konversion und seiner Weihe zum katholischen Priester mit dem Volk Israel verbunden weiß und als Angehöriger des jüdischen Volkes besonders dankbar ist für den Baum- und Wurzel-Vergleich des hl. Paulus (Röm 11,8).

In jüngster Zeit danach befragt, worin die eigentlichen Gründe und Motive für seine Konversion liegen, gab Johannes Maria Oesterreicher in einem Brief vom 16. Oktober 1986 folgende Antwort: »Eine ausführliche Darstellung meines Lebens und meines Bekenntnisses zu Christus würde Wochen in Anspruch nehmen. Ich müßte u. a. den Einfluß beschreiben, den Søren Kierkegaard, Kardinal Newman, Ferdinand Ebner, Theodor Haecker, ›Der Brenner‹, ›Die Fackel‹, vor allem die Evangelien auf mich hatten. Diesen Einfluß genau zu rekonstruieren ist eine Aufgabe, die ich jetzt nicht auf mich nehmen kann. Im übrigen könnte ich das nicht tun, auch wenn ich genügend Zeit hätte. Ich habe in den beinahe 60 Jahren meines Priestertums keine Memoiren geschrieben; ich habe nicht vor, diese Einstellung plötzlich zu ändern.«

Diesen Zeilen sei noch hinzugefügt, was Johannes Maria Oesterreicher in einem offenen Briefwechsel zwischen ihm und Karl Thieme vor Jahren diesem geschrieben hat: »Haben Sie herzlichen Dank für Ihr Buch ›Kirche und Synagoge‹ (Olten 1945) sowie für die Widmung, die Sie diesem voranstellten. Sie ist mir ein Zeichen unserer geistigen Gemeinschaft und einer Freundschaft, die wahrlich keines Beweises bedarf. Lassen Sie mich Ihnen vor allem für Ihr nie ermüdendes Interesse an der Bekehrung Israels danken. Es sind Ihrer nicht viele, denen die Umkehr der Juden ein Glaubens- und Herzensanliegen ist. Ihre Worte über meine Person jedoch beschämen mich – muß doch die Gefahr, der ich ausgesetzt war, gegenüber den Leiden verblassen, die Millionen meiner Blutsbrüder und nicht wenige meiner Brüder dem Fleisch und dem Glauben nach erlitten haben . . . Mehr denn je bin ich davon überzeugt, daß nach den Leiden des letzten halben Menschenalters, die jeder Jude irgendwie mitgelitten hat, das Gespräch mit der Synagoge wie das Wort, das wir an den einzelnen Juden richten, nicht ein Streitgespräch, sondern das Werben eines Liebenden sein muß.«

[1] vgl. Zeitschrift für kath. Theologie 74/1952, S. 63

3. Raphael Simon
(* 1908)

Der 1908 als Kind gläubiger Juden in New York geborene, zum katholischen Glauben konvertierte Psychiater Alwyn Kenneth Simon, der nach der Konversion sogar Zisterziensermönch und Priester unter dem Ordensnamen P. Raphael Simon geworden ist, hat in seiner 1948 herausgegebenen Konversionsgeschichte »The Glory of Thy People« (Der Ruhm Deines Volkes)[1)] folgendes erklärt: »Meine jüdische Abstammung war nicht ein Hindernis, sondern ein Antrieb, die katholische Kirche als die wahre Kirche Jesu Christi anzunehmen. War nicht Jesus Christus, ihr Gründer, ein Jude? Waren nicht seine Mutter und seine Apostel jüdische Menschen? Setzte sich nicht die erste christliche Gemeinde, die von Jerusalem, aus Juden zusammen ? . . . Nach meiner Taufe am 6. November 1936 fand ich alles, was ich erhofft hatte, überreich erfüllt. In der Kirche fand ich, was mir im modernen Judaismus fehlte.«[2)]

Der junge Medizinstudent, der als Beruf den des Psychiaters erwählt hatte, bekam nach Abschluß seines Medizinstudiums an der Universität Michigan Gelegenheit, auch noch Philosophie zu studieren an der Universität Chicago. Dabei lernte er die großen Denker Plato, Aristoteles, Augustinus und Thomas von Aquin kennen. Das Gedankengut dieser Männer half ihm, die Irrtümer moderner Philosophie, denen zu verfallen er nahe daran war, zu durchschauen. So kam er allmählich dazu, grundlegende natürliche Wahrheiten, die die Voraussetzung für die übernatürlichen Wahrheiten des Christentums sind, zu bejahen. »Die Entwicklung und Geschichte des Menschengeschlechtes schien mir nun angesichts aller Tatsachen besser erklärbar durch die Abstammung des ganzen Menschengeschlechtes von einem einzigen ersten, von Gott geschaffenen Menschenpaar als durch die Abstammung von niederen Tiergattungen. Die Phänomene des menschlichen Geistes bekunden eine Vernunft und Willenskraft, die als immaterielle Kräfte in einer immateriellen und unsterblichen Seele wurzeln. Nichts widerspricht der Möglichkeit der Existenz vollkommener, unkörperlicher, vernunftbegabter Wesen, von ›Intelligenzen‹, wie sie Aristoteles nennt, d. h. von Engeln. Es gibt Beweise für die Existenz Gottes, eines göttlichen Geistes, der fähig ist, das staunenswerte, in allen seinen Teilen verschlungene und aufeinander abgestimmte Universum zu entwerfen, und eines göttlichen Willens, der fähig ist, diesen Entwurf aus dem Nichts zum Existieren zu bringen und es durch die Naturgesetze, die er ihm eingepflanzt hat, zu lenken. Es besteht die Möglichkeit einer Offenbarung, durch die Gott den Menschen Erkenntnisse mitteilen kann, die jenseits des Zugriffs der menschlichen Vernunft liegen, wie etwa Geheimnisse seines eigenen inneren Wesens und Lebens. Es gibt auch die Möglichkeit von Wundern, das heißt der Ausübung göttlicher Macht über die Naturgesetze, wie sie ihrem Erschaffer zukommt. Auch auf dem Gebiet der Moral half mir die Philosophie der genannten großen Denker bei meiner Suche nach der Wahrheit: Die menschliche Vernunft kann erkennen, was sittlich gut, was sittlich schlecht und was sittlich indifferent ist. Aber falsches und widerspruchsvolles Denken kann dieses Wissen wertlos und den Menschen unfähig machen, sein Ziel zu erreichen. Jedes menschliche Wesen strebt nach dem, was es als gut betrachtet, und vermeidet, was es als Übel erkennt; und letztlich wünscht und erstrebt der Mensch sein Glück. Es gibt aber nur ein Glück für die menschliche Natur und für alle Menschen, und dieses Glück ist nicht in den Dingen zu finden, die nur Mittel sind, sondern ausschließlich in dem, was das eigentliche Ziel des Menschen ist. Nichts Geschaffenes, sondern allein der Schöpfer ist des Menschen wirkliches Ziel, wie er auch sein Anfang ist.

Wie vage und leer war mir dies alles früher erschienen. Und doch erkannte ich darin nun die Lösung für mein Suchen. Was ich suchte, war die Deutung des Lebens, war der Zweck des Lebens und letzte, fest gegründete, absolute und sichere Wahrheit. Ein einziges Wort war schließlich die Antwort: Er, der immer war, als noch nichts existierte außer Ihm, Er, auf dessen Wort hin das Universum ins Dasein trat, Er, der Unendliche, die Schönheit und Weisheit an sich, der höchste Geist, Gott.

Von anderen kam mir Bestätigung meiner Entdeckung. Eine Stimme aber sprach dann noch mächtiger zu mir als diese Männer und auch überzeugender als meine eigenen Überlegungen. Diese Stimme hörte ich, als ich eines Tages, abgequält und müde, aufs Geratewohl das Neue Testament aufschlug. Es war Mt 6, 24 – 34, wo es zuletzt heißt: ›Suchet zuerst das Reich Gottes und seine Gerechtigkeit, und alles andere wird euch hinzugegeben werden!‹ Hier war ein Lebensprogramm, hier war Gottes Antwort auf meine quälenden Fragen. Friede kam über mich und ich entschloß mich kurz darauf, mein Ziel nicht mehr in mir selbst, in meiner Eigenliebe, in meiner Eitelkeit, in meinem Stolz und meinem Ehrgeiz zu suchen, sondern in Gott.«[3)]

Um sich vor Selbsttäuschung zu schützen, beschloß der junge Psychiater, jeden Tag eine bestimmte Zeit zum Lesen des Neuen Testaments, des Evangeliums Jesu Christi, zu verwenden. Sein Name rührte in ihm, dem Juden, zunächst etwas von Ablehnung und sogar Haß auf. Manche sagten ihm, Jesus habe überhaupt nicht gelebt; andere behaupteten ihm gegenüber, der Tod Jesu sei ausschließlich das Werk des Pontius Pilatus gewesen. Diese Meinung sagte ihm zu und er dachte, daß die Christen die Verantwortung für den Tod Jesu den Juden zugeschoben hätten, um so die Verfolgung der Juden zu entschuldigen. Andere wieder, Rabbiner sowohl wie führende Persönlichkeiten der modernen jüdischen Gedankenwelt, nahmen Jesus für das Judentum in Anspruch und erklärten ihn zu dessen edelster, vorbildlichster Verkörperung. Alwyn Kenneth Simon aber war schließlich entschlossen, das Evangelium für sich selber sprechen zu lassen. Um zu einer gerechten und objektiven Beurteilung zu gelangen, unterdrückte er in sich zunächst die Neigung zu Antipathie und Ablehnung Jesu gegenüber, da er merkte, daß sie Vorurteilen entsprangen.

Beim weiteren Lesen der Evangelien erkannte Alwyn Kenneth Simon schließlich: Der darin Geschilderte ist der Messias, den die Propheten vorausgeschaut und vorausgeliebt haben. Vom Bericht der Evangelien, den er im Verlauf einiger weiterer Wochen ganz still Stück für Stück las, wurde er bald tief beeindruckt. Er spürte: Dieser Bericht über die einzigartige Persönlichkeit Jesu, über seine Worte und Taten, übertrifft an Würde, Schönheit und Weisheit alles, was Literatur, Philosophie und Geschichte bisher dargeboten haben. Erstaunt fragte er sich zuletzt: »Wer ist nur dieser?« Es gab darauf für ihn nur eine zweifache Antwort, entweder die der Schriftgelehrten und Pharisäer von einst, oder die jener selbstlosen Wahrheitssucher, die alles verließen, um Jesus nachzufolgen: »Was mich selbst betrifft« – so schreibt er wörtlich in seinem Konversionsbericht – »so beschloß ich bald, alle Zweifel und alles weitere Fragen beiseite zu legen. Denn mir wurden die Augen aufgetan, mein Herz schmolz, da ich entdeckte, wie liebenswert Jesus ist.«[4)]

Eines Tages bewegte den jungen Psychiater Dr. Alwyn Kenneth Simon der Wunsch, nun zu prüfen, ob irgend etwas an der katholischen Glaubenslehre sei, das er nicht bejahen und annehmen könne, weil es der Vernunft widerspreche. Er las das Apostolische Glaubensbekenntnis, das kurz und bündig den Glauben der Kirche formuliert. Er kam dabei zur Überzeugung, daß die Aussagen des Apostolischen Glaubensbekenntnisses zwar jenseits der Vernunft, aber nicht gegen die Vernunft sind, sie sind zwar teilweise rätselhaft geheimnisvolle Aussagen, aber deswegen nicht falsch. Er erkannte, daß seine vorausgegangenen Erlebnisse und Überlegungen ihn eigentlich schon zum Glauben an die Gottheit Jesu Christi und zum Glauben an jene göttlichen Wahrheiten gebracht hatten, die zu lehren Jesus Christus auf diese Erde gekommen war. Er gab schließlich vorbehaltlos die Zustimmung zu all jenen Glaubenswahrheiten, an die zu glauben die katholische Kirche fordert. Der Jude Dr. Alwyn Kenneth Simon hatte in Christus den verheißenen Messias gefunden und trat am 6. November 1936 durch die Taufe in das messanische Reich Christi ein.

Seinen weiteren Lebensweg schildert dieser Judenkonvertit in seinem Konversionsbericht »The Glory of Thy People« so: »Nachdem ich die Wahrheit von unveränderlicher Gewißheit, die ich während meiner Studienjahre mit großer Sehnsucht gesucht und nun gefunden hatte, drängte es mich unwiderstehlich, diese Wahrheit auch *voll* zu leben . . . Während ich mich redlich bemühte, ein solches Leben in der Welt und in meinem Beruf als Psychiater zu leben, fühlte ich mich doch mehr und mehr zum monastischen Leben gezogen, zu jenem von der Kirche anerkannten Lebensstand, in welchem Menschen ein Leben führen, das durch die Gelübde der Armut, der Keuschheit und des Gehorsams ganz Gott geweiht ist . . . Nach meinem Entschluß, Mönch zu werden in jenem Orden, den Gott mir bestimmen würde, fühlte ich mich unwiderstehlich und doch in vernünftig einsichtiger Weise zum Zisterzienserorden von der strengen Reform (Trappistenorden) im Kloster ›Unserer Lieben Frau im Tale‹ (›Our Lady of the Valley‹) hingezogen. Meine Besuche beim Prior dieses Klosters bis zu meinem Eintritt hinterließen einen tiefen Eindruck vom Eifer dieser Gemeinschaft, in der ganz sichtlich in Gebet und Buße dem Ordensideal des hl. Bernhard von Clairvaux nachgestrebt wird.«

So trat Dr. Alwyn Kenneth Simon, der Judenkonvertit und Psychiater, unter dem Ordensnamen Frater Raphael dort ein, wurde dort zum Priester geweiht und fand dort die ihn beglückende Möglichkeit – wie der bekannte Fernsehbischof Fulton J. Sheen im Vorwort zum Buch »The Glory of Thy People« geschrieben hat – »to live the rest of his days in the shades and shadows of the Cross, where Saints are made«.[5]

[1] Raphael Simon, The Glory of Thy People, Petersham, MA 1946
[2] vgl. Br. Schafer, Sie hörten seine Stimme (Luzern 1949), Bd. II, S. 50 – 51
[3] vgl. Br. Schafer, a. a. O., S. 45
[4] vgl. Br. Schafer, a. a. O., S. 48
[5] Fulton J. Sheen, Preface, in: R. Simon, a. a. O.

4. André Frossard
(* 1915)

Unter den lebenden Judenkonvertiten sei noch – auch wenn er seiner Herkunft nach kein Volljude ist – der durch seinen Bestseller »Dieu existe, je l'ai recontré« (»Gott existiert. Ich bin ihm begegnet«) mit einer Weltauflage von fast 400.000 Exemplaren bekannt gewordene André Frossard erwähnt.

Geboren ist er am 14. Januar 1915 als Sohn des sozialistischen Politikers L. O. Frossard in Colombier-Châtelon (Doubs, Frankreich). Aufgewachsen ist er im Dorf Foussemagne in der Nähe von Belfort. Es ist »das einzige Dorf Frankreichs, wo es keine katholische Kirche, wohl aber eine Synagoge gab«, wie A. Frossard selber in seinem Konversionsbericht[1] geschrieben hat. »Angelockt durch die liberale Gesinnung der damaligen Grundherren, der Grafen von Reinach-Foussemagne, hatte sich zu Ende des Mittelalters eine nicht unbeträchtliche jüdische Kolonie inmitten des Dorfes angesiedelt. Daher stammte die nicht weit vom Rathaus gelegene Synagoge, ein mächtiges Bauwerk undefinierbaren Stils.«[2]

Ob die Juden in diesem Dorf nach ihrem Glauben lebten? Darauf gibt A. Frossard folgende Antwort: »Ihre Religion schien mehr aus der Beobachtung juristischer und moralgesetzlicher Vorschriften als aus frommen Andachtsübungen zu bestehen. Sie hatten die Sabbatruhe und die Vorschriften des Mose über das Fasten und die Zubereitung des Fleisches einzuhalten und taten dies auch. Sie feierten getreulich Ostern, jenes geheimnisvolle Fest, zu dessen Zeremoniell wundersam weiße . . . Fladen ungesäuerten Brotes gehörten. Einmal im Jahr kamen sie mit Lammfellen um die Schultern in die Synagoge, um sich durch eine im Gebet verbrachte Nacht auf das Fasten des Jom Kippur vorzubereiten . . . Waren sie gläubig? Zweifellos. Für einen Juden ist es ein und dasselbe, Jude zu sein und zu glauben, und er könnte seinen Gott nicht leugnen, ohne sich selbst zu leugnen.«[3]

Das Elternhaus A. Frossards beherrschte in seiner Kindheit seine jüdische Großmutter. Sie war die Tochter einer wohlhabenden jüdischen Familie Schwob. Sie verliebte sich in den aus katholischer Familie stammenden Proletarier Frossard und heiratete ihn. Diesen seinen Großvater charakterisiert A. Frossard als den ersten

»Roten« des Dorfes. Von ihm übernahm auch A. Frossards Vater Ludovic-Oscar Frossard seine ideologische Einstellung; er war wie der Großvater »Sozialist vom rötesten Rot«. Die Religion seiner Familie war der marxistische Atheismus. »Gott existierte (für meine Familie) nicht. Sein Bild oder besser die Bilder, die von seiner Existenz erzählen oder der Existenz derer, die man seine Nachkommenschaft in der Geschichte nennen könnte, die Heiligen, die Propheten, die biblischen Helden, sie waren in unserem Hause nirgends zu finden. Niemand sprach zu uns Kindern von Ihm. Die Juden sagten uns samt und sonders nichts von ihrem Glauben. Die Juden machen keine Propaganda dafür, ihre Religion ist eine Familienangelegenheit, die die Fremden nichts angeht, selbst wenn sie halbe Juden sind (wie meine Familie). Andererseits machte uns unsere religiöse Indifferenz tolerant und bildete für die Juden eine gewisse Garantie: Da wir auf Grund unseres Atheismus links standen, gaben sie ihre Stimmen der Linken, um in Ruhe fromm sein zu können, sofern sie es waren. Sie teilten unsere Überzeugungen, um besser bei den ihren bleiben zu können; sie lebten das geheimnisvolle Leben ihrer seit 2000 Jahren zerstreuten und dennoch homogenen, als Sauerteig unter alle Völker verteilten Gemeinschaft, immer die gleichen und dabei doch besonders geschickt dazu, sich zu wandeln, glaubenstreu bis in den Unglauben (denn manche, die sich gläubig nannten, hielten fester als die anderen an den alten Sitten und Bräuchen und den Verheißungen der Hl. Schrift fest), fähig, jeden Schicksalsschlag und, was noch seltener ist, jeden Erfolg zu ertragen . . . Was die Christen des Dorfes anlangt, die uns hätten bekehren können, so schwiegen diese ebenfalls, wahrscheinlich aus Zurückhaltung, vielleicht auch, um sich nicht unseren sarkastischen Bemerkungen auszusetzen. Der Effekt ihrer Frömmigkeit war für das freie Auge nicht sichtbar . . . Ihre gängige Moral war ungefähr die gleiche wie unsere, mit einer oder der anderen Spezialtugend dazu, wie dem Gehorsam und der Demut, die wir für schwere Mängel hielten, und dem Unterschied, daß sie in Erwartung eines Lohnes oder in der Furcht vor künftiger Strafe zu handeln schienen, eine Krämergesinnung, die uns wenig Respekt einflößte. Sie wußten eben nicht, was wir seit J.-J. Rousseau wußten, daß die Erbsünde durch Beschluß der Philosophen abgeschafft und der Mensch von Natur aus gut sei.«[4)]

So schildert A. Frossard das atheistische Milieu seiner frühen Kindheit in Foussemagne im Hause seiner jüdischen Großmutter. »Wir waren perfekte Atheisten von der Sorte derer, für die der Atheismus kein Problem mehr ist . . . Der vollkommene Atheist war schon nicht mehr derjenige, der die Existenz Gottes leugnete, sondern der, für den sich das Problem der Existenz Gottes gar nicht mehr stellte.«[5] »Brauche ich zu sagen, daß ich nicht getauft war? So wie es in den fortschrittlichen Kreisen üblich war, hatten meine Eltern beschlossen, mich mit 20 Jahren meine Religion selber wählen zu lassen, falls ich wider alle vernünftige Erwartung es für gut befinden sollte, eine zu haben . . . Meine Eltern hätten es, wären sie auch der Religion freundlicher gegenübergestanden, schwer gehabt, mir einen Glauben mitzugeben, an dem nicht irgendwer aus ihrer Umgebung Anstoß genommen hätte. Hätten sie mich in die Kirche, in die Synagoge oder in das protestantische Bethaus führen sollen? In die Kirche im Gedenken an meinen extrem sozialistischen Großvater, der den Weg dahin nicht mehr wußte, falls er ihn jemals gewußt hat; in die Synagoge, um meiner jüdischen Großmutter Schwob eine Freude zu machen, oder in das protestantische Bethaus mit Rücksicht auf die protestantischen Eltern meiner Mutter? Denn während man auf der Seite meines Vaters Jude oder – wenigstens dem Taufschein nach – katholisch war, so bekannte sich die Familie meiner Mutter zum protestantischen Glauben.«[6]

Auf die teils in Foussemagne, teils in Colombier-Chatelon im Haus der Eltern der protestantischen Mutter verlebten Kindheit folgte dann das Gymnasialstudium in Paris, wo A. Frossards Vater als kommunistischer Generalsekretär wirkte. Schließlich studierte er – soweit davon überhaupt die Rede sein kann, da er von seinen ziellos und in Müßiggang vertanen Jugendjahren redet[7] – an der Hochschule für Dekorationskunst (»Ecole Nationale des Arts Décoratifs«). Mit 17 Jahren brachte ihn sein Vater bei einer Abendzeitung unter. Er wurde Journalist.

Im Alter von 20 Jahren traf ihn dann – wie den Saulus-Paulus vor den Toren Damaskus – der Blitz der Gnade. Er fand zum katholischen Glauben, auf den ihn nichts innerlich vorbereitet hatte, ausgenommen die Tatsache, daß er keinen Glauben hatte. An einem Sommerabend kam es in einer Kapelle in der »Rue d'Ulm« in Paris zu jener geheimnisvollen Gottbegegnung, die ihm die unerschütterliche Erkenntnis verschaffte: »Gott existiert. Ich bin Ihm begegnet.« Es war der 8. Juli 1935, 17.10 Uhr. Da überfiel den jungen Atheisten eine geheimnisvoll-rätselhafte Lichtvision, in der er erkannte: »Es ist eine Ordnung im Universum; und an ihrer Spitze, jenseits dieses funkelnden Nebelschleiers, ist die Evidenz Gottes, die Evidenz, die Gegenwart ist, die Evidenz, die Person ist, die Person dessen, den ich vor einer Sekunde noch geleugnet habe, den die Christen ›unseren Vater‹ nennen und dessen milde Güte ich an mir erfahre, eine

Milde, die keiner anderen gleicht ... Ihr überwältigender Eindruck ist begleitet von einer Freude, die nichts anderes ist als der Jubel des vom Tod Erretteten, des gerade noch zur rechten Zeit aufgefischten Schiffbrüchigen, mit dem Unterschied allerdings, daß mir erst in dem Augenblick, da ich dem Heil entgegen emporgerissen werde, zum Bewußtsein kommt, in welchem Schlamm ich, ohne es zu wissen, versunken war.«[8)]

Die erste Gottbegegnung dauerte etwa fünf Minuten. Als Frossard danach auf die Straße trat, teilte er seinem dort wartenden Freund mit, daß er von nun an Katholik sei. Einen Monat lang hatte Frossard jeden Tag das gleiche Erlebnis; dreißigmal erlebte er »dieses Licht, das den Tag erblassen ließ, diese Milde, die ich nie vergessen werde und die mein ganzes theologisches Wissen ist.« An der Aufrichtigkeit der Aussagen Frossards sei nicht zu zweifeln, schrieb die angesehene Zeitung »Le Monde«. Frossard selber bekennt in seinem Buch und durch sein weiteres Leben als Zeuge des wahren Glaubens: »Ich habe mich niemals an die Existenz Gottes gewöhnt.«

1) André Frossard, Gott existiert, 10. Aufl., Freiburg/Br. 1986, S. 11
2) Frossard, a.a.O., S. 12
3) Frossard, a.a.O., S. 12
4) Frossard, a.a.O., S. 22–23
5) Frossard, a.a.O., S. 25
6) Frossard, a.a.O., S. 34–35
7) vgl. Frossard, a.a.O., S. 101
8) Frossard, a.a.O., S. 137

IV. Ansprache Papst Johannes Pauls II. in der Synagoge Roms

»Ihr seid unsere älteren Brüder«

»Herr Oberrabbiner der israelitischen Gemeinde von Rom, Herr Präsident der Union der israelitischen Gemeinden Italiens, Herr Präsident der Gemeinden von Rom, meine Herren Rabbiner, liebe jüdische und christliche Freunde und Brüder, die ihr an dieser denkwürdigen Feier teilnehmt!

1. Zunächst möchte ich zusammen mit euch dem Herrn danken und ihn preisen, der ›den Himmel ausgespannt und die Fundamente der Erde gelegt hat‹ (vgl. Jes 51,16), der den Abraham erwählt hat, um ihn zum Vater einer großen Schar von Nachkommen zu machen, zahlreich ›wie die Sterne am Himmel‹ und ›wie die Sandkörner am Meeresstrand‹ (Gen 22,17; vgl. 15,5): danken, daß Er im Geheimnis seiner Vorsehung es gewollt hat, daß am heutigen Abend in diesem eurem großen Tempel die jüdische Gemeinde, die seit der Zeit der alten Römer in dieser Stadt lebt, mit dem Bischof von Rom und obersten Hirten der katholischen Kirche zusammentrifft.

Ich empfinde es sodann als meine Pflicht, dem Oberrabbiner, Herrn Prof. Toaff, zu danken, der den Plan dieses Besuches von Anfang an mit Freude aufgenommen hat und mich nun mit großer Herzlichkeit und lebhafter Gastfreundschaft empfängt; mit ihm möchte ich auch allen denjenigen danken, die in der jüdischen Gemeinde von Rom diese Begegnung ermöglicht und sich in so vielfältiger Weise dafür eingesetzt haben, daß sie Wirklichkeit und Symbol zugleich werde. Euch allen sei dafür Dank! Todâ rabbâ (= vielen Dank)!

2. Im Licht des soeben verkündeten Wortes Gottes, das ›in Ewigkeit bleibt‹ (vgl. Jes 40,8), möchte ich mit euch zusammen vor dem Angesicht des Heiligen – gepriesen sei Er (wie man in eurer Liturgie sagt) – die Tatsache und die Bedeutung dieser Begegnung zwischen dem Bischof von Rom, dem Papst, und der jüdischen Gemeinde, die in dieser euch und auch mir so teuren Stadt lebt, bedenken.

Seit geraumer Zeit dachte ich schon an diesen Besuch. Der Oberrabbiner war ja so freundlich, im Februar 1981 eine Begegnung mit mir zu suchen, als ich mich zu einem Pastoralbesuch in die benachbarte Pfarrei San Carlo ai Catinari begab. Sodann sind einige von euch mehr als einmal in den Vatikan gekommen, sei es bei Gelegenheit der zahlreichen Audienzen, die ich Vertretern des Judentums in Italien und der Welt geben konnte, oder sei es noch früher zur Zeit meiner Vorgänger Paul VI., Johannes XXIII. und Pius XII. Ferner ist mir auch wohlbekannt, daß der Oberrabbiner in der Nacht vor dem Tod des Papstes Johannes XXIII. spontan auf den Petersplatz gegangen ist, begleitet von einer Gruppe jüdischer Gläubiger, um dort, inmitten der Schar katholischer und anderer Christen, zu beten und zu wachen und so in stiller, aber sehr eindrucksvoller Weise Zeugnis abzulegen für die geistige Größe dieses Papstes, der so offen war für alle ohne Unterschied, vor allem für die jüdischen Brüder.

Das Erbe, das ich heute übernehmen möchte, ist gerade das von Papst Johannes XXIII., der einmal, als er hier vorbeikam, wie der Oberrabbiner soeben erwähnt hat, das Auto anhalten ließ, um die Schar der Juden, die gerade diesen Tempel verließ, zu segnen. Dieses Erbe möchte ich heute übernehmen, da ich mich nicht mehr nur draußen, sondern dank eurer hochherzigen Gastfreundschaft im Innern der Synagoge von Rom befinde.

Ein historischer Prozeß

3. Die heutige Begegnung beschließt in gewisser Weise, nach dem Pontifikat Johannes' XXIII. und dem II. Vatikanischen Konzil, eine lange Periode, über die man immer wieder nachdenken muß, um daraus die angemessenen Lehren zu ziehen. Gewiß kann und darf man nicht vergessen, daß die geschichtlichen Umstände der Vergangenheit recht verschieden gewesen sind von denen, die in den Jahrhunderten mühsam herangereift sind; zur allgemeinen Anerkennung einer berechtigten Vielfalt auf sozialer, politischer und religiöser Ebene ist man nur unter großen Schwierigkeiten gelangt. Der Blick auf die jahrhundertealten kulturellen Bedingungen konnte jedoch nicht verhindern, anzuerkennen, daß die Akte der Diskriminierung, der ungerechtfertigten Einschränkung der religiösen Freiheit und der Unterdrückung auch auf der Ebene der bürgerlichen Freiheit gegenüber den Juden objektiv äußerst bedauerliche Vorfälle gewesen sind.

Ja, die Kirche beklagt nochmals durch mich mit den Worten des bekannten Dekretes ›Nostra aetate‹ (Nr. 4) ›alle Haßausbrüche und Verfolgungen, alle Manifestationen des Antisemitismus, die sich zu irgendeiner Zeit und von irgend jemandem gegen die Juden gerichtet haben‹; ich wiederhole: von wem auch immer.

Ein Wort tiefer Verabscheuung möchte ich noch einmal zum Ausdruck bringen für den während des letzten Krieges gegen das jüdische Volk beschlossenen Genozid, der zum Holocaust von Millionen unschuldiger Opfer geführt hat. Als ich am 7. Juni 1979 das Lager von Auschwitz besucht und mich zum Gebet für so viele Opfer verschiedener Nationen gesammelt hatte, verweilte ich besonders vor der Gedenktafel mit der hebräischen Inschrift, um damit meine inneren Gefühle auszudrücken: ›Sie weckt das Andenken an das Volk, dessen Söhne und Töchter zur totalen Ausrottung bestimmt waren. Dieses Volk führt seinen Ursprung auf Abraham zurück, der der ›Vater unseres Glaubens‹ ist, wie Paulus von Tarsus sich ausdrückte (vgl. Röm 4,12). Gerade dieses Volk, das von Gott das Gebot empfing: ›Du sollst nicht töten!‹, hat an sich selbst in besonderem Ausmaß erfahren müssen, was töten bedeutet. An diesem Gedenkstein darf niemand gleichgültig vorbeigehen‹ (Predigt bei der Messe im Konzentrationslager Birkenau am 7. Juni 1979; in: L'Osservatore Romano dt. Nr. 25/1979, S. 10).

Auch die jüdische Gemeinde von Rom hat einen hohen Blutzoll bezahlt.

Und es ist sicher eine bedeutungsvolle Geste gewesen, als sich in den dunklen Jahren der Rassenverfolgung die Pforten unserer Ordenshäuser, unserer Kirchen, des Römischen Seminars, Gebäude des Heiligen Stuhls und des Vatikanstaates selbst weit geöffnet haben, um so vielen von ihren Verfolgern gehetzten Juden in Rom Zuflucht und Rettung zu bieten.

4. Der heutige Besuch will einen entscheidenden Beitrag leisten zur Festigung der guten Beziehungen zwischen unseren beiden Gemeinschaften; er tut dies unter dem Ansporn des Beispiels so vieler Männer und Frauen, die sich von der einen wie von der anderen Seite dafür eingesetzt haben – und dies immer noch tun –, daß die alten Vorurteile überwunden werden und man Raum gibt für eine immer vollere Anerkennung jenes ›Bandes‹ und jenes ›gemeinsamen geistigen Erbes‹, die zwischen Juden und Christen bestehen.

Das ist genau der Wunsch, dem schon der soeben erwähnte Abschnitt Nr. 4 der Konzilserklärung ›Nostra aetate‹ über das Verhältnis der Kirche zu den nichtchristlichen Religionen Ausdruck gab. Die entscheidende Wende im Verhältnis der katholischen Kirche zum Judentum und zu den einzelnen Juden ist mit diesem kurzen, aber prägnanten Abschnitt eingetreten.

Wir sind uns alle bewußt, daß aus dem reichen Inhalt dieser Nr. 4 der Erklärung ›Nostra aetate‹ drei Punkte besonders wichtig sind. Ich möchte sie hier, vor euch und bei dieser wahrhaft einmaligen Gelegenheit, hervorheben.

Der erste Punkt ist der, daß die Kirche Christi ihre ›Bindung‹ zum Judentum entdeckt, indem sie sich auf ihr eigenes Geheimnis besinnt (vgl. Nostra aetate, Nr. 4, Absatz 1). Die jüdische Religion ist für uns nicht etwas ›Äußerliches‹, sondern gehört in gewisser Weise zum ›Inneren‹ unserer Religion. Ihr seid unsere bevorzugten Brüder und, so könnte man gewissermaßen sagen, unsere älteren Brüder.

Der zweite vom Konzil hervorgehobene Punkt ist der, daß den Juden als Volk keine ewigwährende oder kollektive Schuld wegen der ›Ereignisse des Leidens (Jesu)‹ (ebd., Absatz 6) angelastet werden kann, weder den Juden jener Zeit, noch den späteren, noch den heutigen. Haltlos wird also jede angeblich theologische Rechtfertigung für Maßnahmen der Diskriminierung oder, schlimmer noch, der Verfolgung. Der Herr wird jeden ›nach den eigenen Taten‹ richten. Juden wie Christen (vgl. Röm 2,6).

Der dritte Punkt, den ich in der Konzilserklärung unterstreichen möchte, folgt aus dem zweiten. Trotz des Bewußtseins, das die Kirche von ihrer eigenen Identität hat, ist es nicht erlaubt zu sagen, die Juden seien ›verworfen oder verflucht‹, als würde dies von der Heiligen Schrift des Alten oder Neuen Testaments gelehrt oder könnte aus ihr gefolgert werden (ebd., Absatz 6). Im Gegenteil, das Konzil hatte zuvor in demselben Abschnitt der Erklärung ›Nostra aetate‹ (vgl. Absatz 4), aber auch schon in der Dogmatischen Konstitution ›Lumen gentium‹ (vgl. Nr. 16) mit einem Zitat aus dem Römerbrief des hl. Paulus (11, 28) festgestellt, daß die Juden ›weiterhin von Gott geliebt werden‹, der sie mit einer ›unwiderruflichen Berufung‹ erwählt hat.

5. Auf diesen Überzeugungen ruhen unsere gegenwärtigen Beziehungen. Anläßlich diese Besuches in eurer Synagoge möchte

ich sie in ihrem bleibenden Wert neu bekräftigen und herausstellen. Das ist in der Tat die Bedeutung, die man meinem Besuch bei euch, den Juden von Rom, beimessen muß.

Natürlich bin ich nicht deswegen zu euch gekommen, weil die Unterschiede zwischen uns schon überwunden wären. Wir wissen gut, daß es nicht so ist. Jede unserer Religionen will im vollen Bewußtsein der vielen Bande, die die eine mit der anderen verbinden, und an erster Stelle jenes ›Bandes‹, von dem das Konzil spricht, vor allem in der eigenen Identität anerkannt und geachtet sein, ohne jeden Synkretismus und jede zweideutige Vereinnahmung.

Ferner muß gesagt werden, daß der eingeschlagene Weg noch an den Anfängen steht. Deshalb bedarf es trotz der großen Anstrengungen, die von der einen oder anderen Seite schon unternommen worden sind, noch ziemlich viel, um jede – auch die subtile – Form des Vorurteils zu überwinden, um jede Ausdrucksweise entsprechend anzupassen und somit uns selbst und den anderen immer und überall das wahre Antlitz der Juden und des Judaismus wie auch der Christen und des Christentums zu zeigen, und das auf allen Ebenen der Mentalität, der Lehre und der Kommunikation.

Dokumente in die Praxis umsetzen

In dieser Hinsicht möchte ich meine Brüder und Schwestern der katholischen Kirche, auch die von Rom, daran erinnern, daß die Mittel für die Verwirklichung des Konzils in diesem konkreten Bereich schon allen zur Verfügung stehen, und zwar in den zwei Dokumenten, die in den Jahren 1974 und 1985 von der Kommission des Heiligen Stuhles für die religiösen Beziehungen mit dem Judentum veröffentlicht worden sind. Es geht nur darum, diese aufmerksam zu studieren, sich in ihre Lehren zu vertiefen und sie in die Praxis umzusetzen.

Es bleiben zwischen uns vielleicht noch Schwierigkeiten praktischer Natur, die auf der Ebene der brüderlichen Beziehungen auf ihre Überwindung warten: Sie sind die Frucht von Jahrhunderten gegenseitigen Unverständnisses oder auch verschiedener Positionen und Verhaltensweisen, die in einer so komplexen und delikaten Materie nicht leicht zu vereinbaren sind.

Niemandem entgeht, daß der anfängliche grundsätzliche Unterschied in der Zustimmung der Katholiken zur Person und zur Lehre Jesu von Nazareth besteht, der ein Sohn eures Volkes ist, aus dem auch die Jungfrau Maria, die Apostel – Fundament und Säulen der Kirche – und die Mehrzahl der Gläubigen der ersten christlichen Gemeinde stammen. Aber diese Zustimmung gehört dem Bereich des Glaubens an, das heißt der freien Zustimmung der Vernunft und des Herzens, die vom Geist geleitet werden. Sie darf niemals in dem einen oder anderen Sinn zum Gegenstand von äußerem Druck werden. Das ist der Grund dafür, worum wir bereit sind, den Dialog unter uns in Loyalität und Freundschaft sowie in der Achtung vor den inneren Überzeugungen der einen und der anderen zu vertiefen, indem wir die Elemente der Offenbarung, die wir als ›großes geistiges Erbe‹ gemeinsam haben (vgl. Nostra aetate, Nr. 4), als wesentliche Grundlage nehmen.

6. Ferner muß gesagt werden, daß die Wege, die für unsere Zusammenarbeit offenstehen im Licht des vom Gesetz und von den Propheten stammenden gemeinsamen Erbes, vielfältig und bedeutend sind. Wir möchten vor allem erinnern an die Zusammenarbeit zum Wohl des Menschen, für sein Leben von der Empfängnis bis zum natürlichen Tod, zugunsten seiner Würde, seiner Freiheit, seiner Rechte, seiner Entfaltung in einer Gesellschaft, die nicht feindselig, sondern freundlich und wohlwollend ist, wo die Gerechtigkeit regiert und wo in dieser Nation, in den Kontinenten und in der Welt der Friede herrscht, der Shalom, der von den Gesetzgebern, von den Propheten und von den Weisen Israels herbeigesehnt worden ist.

Es gibt noch allgemeiner das moralische Problem, das große Feld der individuellen und sozialen Ethik. Wir sind uns alle dessen bewußt, wie groß in diesem Punkt die Krise in unserer heutigen Zeit ist. In einer Gesellschaft, die sich oft in Agnostizismus und Individualismus verirrt hat und die bitteren Folgen von Egoismus und Gewalttätigkeit erleidet, sind Juden und Christen Verwalter und Zeugen einer Ethik, die von den zehn Geboten gekennzeichnet ist, in deren Befolgung der Mensch seine Wahrheit und Freiheit findet. Eine gemeinsame Besinnung und Zusammenarbeit in diesem Bereich zu fördern, ist eines der großen Gebote der Stunde.

Schließlich möchte ich meine Gedanken dieser Stadt zuwenden, in der die Gemeinschaft der Katholiken mit ihrem Bischof, die Gemeinschaft der Juden mit ihrer Obrigkeit und mit ihrem Oberrabbiner zusammenlebt.

Möge dies für uns nicht nur ein ›Zusammenleben‹ in einem reduzierten Maß sein, gleichsam ein Nebeneinanderherleben, unterbrochen nur durch begrenzte und gelegentliche Begegnungen; es soll vielmehr von brüderlicher Liebe beseelt sein.

7. Die Probleme von Rom sind sehr zahlreich. Das ist euch bekannt. Jeder von uns weiß sich im Lichte jenes gesegneten Erbes, auf das ich vorhin hingewiesen habe, dazu angehalten, wenigstens in gewissem Maße an deren Lösung mitzuarbeiten. Suchen wir es, soweit wie möglich, zusammen zu tun. Möge von diesem meinem Besuch und von unserer gefundenen Eintracht und gelösten Atmosphäre wie aus dem Strom, den Ezechiel von der östlichen Pforte des Tempels in Jerusalem hervorbrechen sah (vgl. Ez 47,1 ff.), eine frische und wohltuende Quelle entspringen, die die vielen Wunden zu heilen hilft, an denen Rom leidet.

Wenn wir das tun, so erlaube ich mir zu sagen, werden wir unseren jeweiligen heiligsten Verpflichtungen treu sein, aber auch jener, die uns am tiefsten verbindet und eint: der Glaube an den einen Gott, der ›die Fremden liebt‹ und ›den Waisen und Witwen ihr Recht verschafft‹ (vgl. Dtn 10,18), indem auch wir uns bemühen, sie zu lieben und ihnen beizustehen (vgl. ebd. und Lev 19,18,34). Die Christen haben diesen Willen des Herrn von der Thora gelernt, die ihr hier verehrt, und von den Worten Jesu, der die Liebe, die die Thora fordert, bis in die äußersten Konsequenzen verwirklicht hat.

Es bleibt mir jetzt nur noch, wie am Beginn dieser meiner Ansprache, Augen und Geist zum Herrn zu erheben, um ihm zu danken und ihn zu preisen für diese glückliche Begegnung und für die Wohltaten, die sich schon jetzt daraus ergeben, für die wiedergefundene Brüderlichkeit und für das neue, tiefere Einvernehmen zwischen uns hier in Rom und zwischen der Kirche und dem Judentum überall, in jedem Land – zum Wohle aller.

Deshalb möchte ich mit dem Psalmisten in seiner ursprünglichen Sprache, die auch unser Erbe ist, sagen: (Ps 118,1-2,4)

›Danket dem Herrn, denn er ist gütig,
denn seine Huld währt ewig.
So soll Israel sagen:
Denn seine Huld währt ewig.
So sollen alle sagen, die den Herrn fürchten
und ehren: Denn seine Huld währt ewig.‹«[1)]

[1)] Ansprache des Papstes anläßlich des Besuches der römischen Synagoge am Sonntag, 13. April 1986; in: L'Osservatore Romano, dt. Nr. 16, 18. April 1986, Dokumente, S. 9/10.